Editorial Bambú
es un sello de Editorial Casals, S.A.

© 2011, Imma Pla y Montse Ganges
imaplabooks.com
© 2013, de esta edición, Editorial Casals, S.A.
Casp, 79 – 08013 Barcelona
Tel.: 902 107 007
editorialbambu.com
bambulector.com

Diseño: Estudi Miquel Puig

Imágenes: © AGE-Fotostock, © AISA, © Album,
© Corbis/Cordon Press, © Kon-Tiki Museum, © Prisma

Tercera edición: julio de 2016
ISBN: 978-84-8343-249-5
Depósito legal: B-31.920-2012
Printed in Spain
Impreso en Anzos, S.L. - Fuenlabrada (Madrid)

bam
bú
EDITORIAL

VIAJEROS
INTRÉPIDOS

Proyecto de La Plaga:

MONTSE GANGES
IMAPLA

«Y yo, Marco Polo,
puedo contar estas cosas
porque las he visto.»

«Y yo, Marco Polo,
puedo contar estas cosas
porque las he visto.»

«Y yo, Marco Polo,
puedo contar estas cosas
porque las he visto.»

Y LAS TIERRAS DESCONOCIDAS

MARCO POLO Y LAS TIERRAS DESCONOCIDAS

MARCO POLO Y LAS TIERRAS DESCONOCIDAS

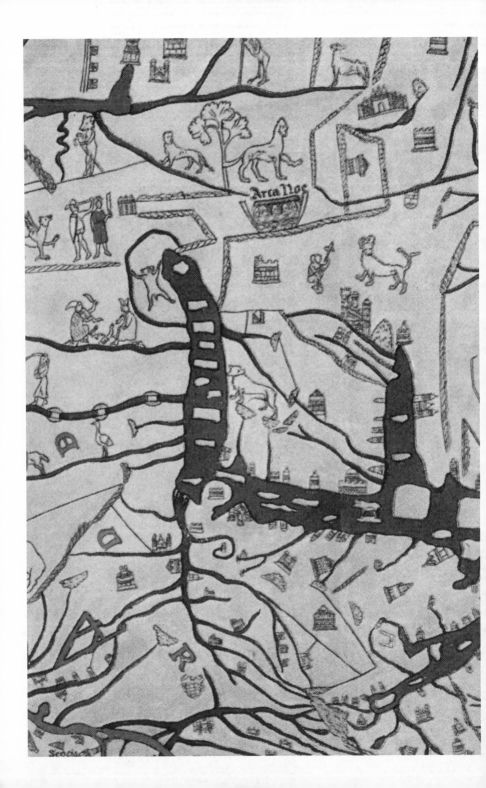

Arca Noe

Scocia

Capítulo I
CUANDO LA TIERRA
ERA PLANA

Hace unos setecientos años, en el siglo XIII, en Europa no se tenían demasiados conocimientos de la geografía del resto del mundo. De hecho, hasta entonces solo habían trazado con cierta precisión el mapa de su propio continente. América aún no había sido descubierta por los europeos, y las regiones interiores de Asia y de África eran lugares remotos que solo se conocían a través de las gentes y los productos que llegaban a orillas del Mediterráneo. Se viajaba a pie, a caballo, en carro o en barco de vela. Y, por supuesto, se daba por sentado que la Tierra era plana.

En el siglo XIII, pues, ir a otro continente era como ir a otro planeta: un viaje a tierras desconocidas. Hace setecientos años, un joven llamado Marco Polo decidió emprender un gran viaje. Salió de Venecia y atravesó Asia, hasta llegar a China. Veinticuatro años más tarde regresó para contar que había visto un mundo maravilloso.

Mapamundi antiguo del año 1300 aproximadamente.
En la parte superior se representa Asia; en la parte
inferior, a la derecha, África, y Europa a la izquierda.

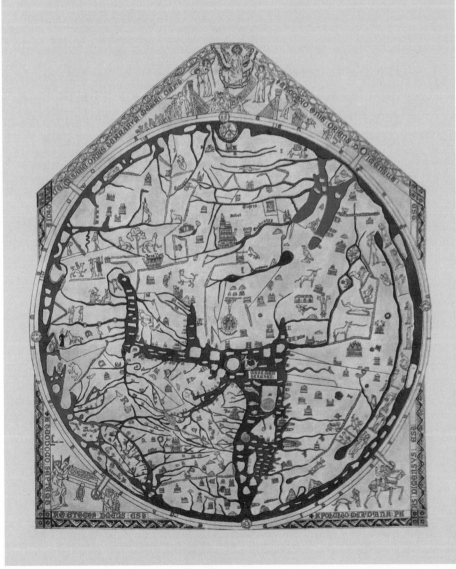

Marco Polo nació en la Europa del siglo XIII, es decir, en plena Edad Media; una época de castillos y caballeros, pero también de ciudades y mercaderes.

La mayoría de la población vivía en el campo y eran siervos, es decir, estaban al servicio de un señor, labraban sus tierras y formaban parte de su ejército. Los señores o nobles eran los propietarios de castillos, bosques, campos, casas, molinos, caminos, puentes..., y servían al rey.

El Papa tenía tanto poder como los monarcas. Los monasterios, gobernados por abades y abadesas de familias nobles, poseían tierras, siervos y bibliotecas. Los libros se copiaban a mano de uno en uno y se atesoraban en los monasterios, donde quedaban al alcance de muy pocos.

Las ciudades, pequeñas y amuralladas, bullían de vida y novedades; en ellas vivían y confluían artesanos, mercaderes, artistas y científicos. Empezaron a levantarse grandes catedrales, esbeltas, bellas y luminosas como ningún otro edificio hasta entonces; abrieron sus puertas las primeras universidades, en las que sabios de toda Europa daban sus lecciones en latín; las plazas y los caminos cada vez eran más transitados por personas y mercancías...

Toda esta vitalidad era buena para el comercio; y también para Venecia, una ciudad diferente a todas.

Capítulo II

UNA FAMILIA
DE MERCADERES

Venecia fue construida sobre una laguna, casi dentro del mar Adriático; es la ciudad de los canales y las góndolas, una ciudad singular desde sus orígenes. Su nombre completo era Serenísima República de Venecia y era una ciudad-estado; no dependía de ningún soberano o señor externo a la ciudad, los venecianos se gobernaban a sí mismos.

La riqueza de la ciudad se basaba en el comercio; sus ciudadanos eran mercaderes que viajaban a todos los puertos del Mediterráneo para cargar sus embarcaciones de productos procedentes de tierras remotas. Venecia era, pues, una ciudad emprendedora que proporcionaba a reyes, nobles y ciudadanos ricos de la época los productos más preciados.

Marco Polo nació en 1254 en esta Venecia libre y comerciante. Este veneciano ilustre recibió el nombre del patrón de su ciudad: San Marcos ('Marco', en italiano). El símbolo de este santo es también el símbolo de Venecia: el león alado.

Marco Polo provenía de una familia de mercaderes y exploradores. Pocos meses antes de que naciera, su padre Nicolás y su tío Mateo, que eran comerciantes, emprendieron un largo viaje. En busca de las maravillosas mercancías que llegaban de Oriente, se fueron alejando cada vez más de la orilla del Mediterráneo y se adentraron en Asia. Poco a poco, de paisaje en paisaje, de pueblo en pueblo, de caravana en caravana, de año en año, llegaron hasta el final: hasta China, el Extremo Oriente.

Antes de que Nicolás y Mateo Polo emprendieran el viaje hacia China, los europeos ya conocían el Medio Oriente: el norte de África, Tierra Santa, Persia, Arabia..., pero pocos se aventuraban a ir más allá. Sin embargo, hacía mucho tiempo que las mercancías recorrían el largo camino que une el Mediterráneo con el Extremo Oriente. Como si de una gran cadena humana se tratara, los mercaderes se pasaban los productos de mano en mano, de barco en barco, de caravana en caravana, a lomos de caballos, camellos, elefantes... Esta ruta comercial, que unía China con Europa pasando por la India y el Medio Oriente, recibe el nombre de Ruta de la Seda y fue una de las redes de intercambio más importantes del mundo. Por ella, además de la seda que le da el nombre, se transportaban piedras y metales preciosos, lana, lino, ámbar, marfil, goma laca, espe-

cias, vidrio, perfumes, perlas, tintes, cerámica, por-
celana, jade, lapislázuli...

Así pues, Nicolás y Mateo se propusieron recorrer los caminos bien trazados de la Ruta de la Seda
y llegar hasta el final. Su primer viaje duró quince
años. Partieron en 1254, recorrieron todo el continente asiático y llegaron hasta la corte del gran emperador de Oriente, el Gran Kan.

Kublai Kan, el emperador del Extremo Oriente
que conoció Marco Polo en su viaje.

Capítulo III
EL GRAN KAN, EMPERADOR
DEL EXTREMO ORIENTE

Kan significa 'rey'; el *Gran Kan* es, pues, el emperador, o rey de reyes; este era el título que recibía el emperador del Imperio mongol, que ocupaba un inmenso territorio de Asia central. Gengis Kan fue el primer Gran Kan y el fundador del Imperio a principios del siglo XIII.

El Gran Kan vivía en Cambaluc, que así es como se llamaba entonces Pekín. El emperador que recibió a Nicolás y Mateo en su primer viaje, y después también al joven Marco, fue Kublai Kan. Con él, el Imperio mongol llegó a su máxima expansión. Además de un gran guerrero y conquistador, Kublai Kan era un hombre culto, impulsor de las artes y respetuoso con las tradiciones y creencias de sus súbditos. Quizás por este deseo de conocer, Kublai Kan recibió con gran hospitalidad a los tres venecianos y los alojó durante dieciséis años en su corte.

Pero los Polo fueron mucho más que huéspedes del Gran Kan; se convirtieron en sus embajadores y consejeros. Y todo lo sabemos gracias al joven Marco. Su padre y su tío no dejaron ningún relato de sus aventuras; pero Marco no solo fue un viajero curioso y entregado, sino que además tuvo la voluntad de contarlo. Kublai Kan envió a Marco a recorrer el Imperio en su nombre y el joven veneciano, atento y abierto al espectáculo de paisajes y gentes, se convirtió en su mejor cronista. Su relato ha llegado hasta nosotros y se titula *El libro de las maravillas del mundo*.

Capítulo IV
EL VIAJE
DE MARCO POLO

Marco Polo cruzó toda Asia con su padre y su tío hasta la corte del Gran Kan. Viajaron protegidos por el salvoconducto que Kublai Kan había dado a Nicolás y a Mateo en su primer viaje. Este salvoconducto, que en lengua mongol se llamaba *paiza,* consistía en una tabla dorada con un elefante grabado y la siguiente inscripción: «Bendito sea el nombre del Kan; aquellos que no le obedezcan serán muertos y destruidos.» Así pues, el portador del *paiza* debía ser respetado por todos los súbditos del Gran Kan.

El viaje de Venecia a Cambaluc, la actual Pekín, donde residía Kublai Kan, duró cuatro años. Durante la travesía, Marco descubrió en primer lugar las maravillas de Oriente Medio: Jerusalén, donde extrajeron aceite de la lámpara del Santo Sepulcro para obsequiar al Gran Kan; las fuentes de petróleo cerca del Monte Ararat; las alfombras turcas y las telas de la ciudad de Mosul; las cúpulas doradas de

Bagdad y las palmeras de Basora; las naves del Golfo Pérsico y los ríos de aguas verdes de Irán...; hasta que el joven enfermó y tuvieron que detenerse un año entero. Marco aprovechó la parada para aprender idiomas, sobre todo el mongol.

Al reanudar la marcha se enfrentaron a los paisajes más extremos de Asia: las inmensas estepas centrales, las altas montañas de la cordillera de los Himalayas, el desierto de Gobi... De caravana en caravana, de tribu en tribu, cada vez un poco más cerca del Gran Kan.

A lo largo de todo el viaje, Marco escuchó las historias sobre Kublai Kan y los anteriores emperadores mongoles que le contaban su padre y su tío, así como las innumerables gentes con las que se cruzaron por el camino.

Así pues, mientras viajaba por las tierras del Kan, el joven veneciano podía imaginarse al gran señor de Oriente. Contaban, por ejemplo, cómo dirigía a sus ejércitos. Decían que Kublai Kan iba a la batalla en un castillo de madera que portaban cuatro elefantes ricamente engalanados, y que su estandarte dorado era tan alto que cualquiera de sus soldados podía divisarlo desde cualquier lugar.

M. Gauci litho.   Printed by C. Hullm

THE EMPEROR KUBLAI.
GRAND KHAN OF THE MONGOLS AND TARTARS:

Commanding in a battle fought
between Pekin & Siberia in which were   Published April 11th 1826.

17

> «Los capitanes del ejército del Gran Kan reciben unas tablas que son las insignias de su poder. El jefe de cien hombres recibe una tabla de plata; el de mil hombres la recibe de plata dorada; el de diez mil, de oro con un león pintado; el de cien mil hombres, de oro con la imagen de un león, del sol y la luna.»
>
> *El libro de las maravillas del mundo*, capítulo 80

Pero sin duda una de las historias que más impresionó a Marco fue la que cuenta que todos los emperadores tenían que ser enterrados en el Monte Altái, una montaña situada en el corazón del Imperio mongol; no importaba dónde les hubiese sorprendido la muerte, su cuerpo debía ser conducido hasta allí. Los soldados que acompañaban la comitiva fúnebre mataban a todos los que se cruzaban en su camino, y al hacerlo les decían: «Id a servir a vuestro señor», porque creían que aquellos muertos se convertían en siervos del Kan en la otra vida.

> «Os diré más: cuando Mungu Kan murió, los soldados mataron por el camino a más de veinte mil personas, además de los mejores caballos para que pudiese disfrutarlos su señor en la otra vida.»
>
> *El libro de las maravillas del mundo*, capítulo 68

Capítulo V
EL ENCUENTRO
CON EL GRAN KAN

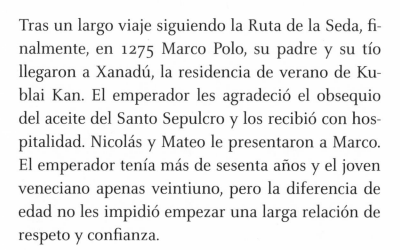

Tras un largo viaje siguiendo la Ruta de la Seda, finalmente, en 1275 Marco Polo, su padre y su tío llegaron a Xanadú, la residencia de verano de Kublai Kan. El emperador les agradeció el obsequio del aceite del Santo Sepulcro y los recibió con hospitalidad. Nicolás y Mateo le presentaron a Marco. El emperador tenía más de sesenta años y el joven veneciano apenas veintiuno, pero la diferencia de edad no les impidió empezar una larga relación de respeto y confianza.

> «Kublai Kan ha sido el Kan más poderoso, ya que todos los demás juntos no tenían ni la mitad de su poder. Y aún os diré más: si todos los cristianos y sarracenos del mundo se uniesen en su contra, no le podrían causar ningún mal, ni tendrían tanta riqueza como la que él posee, y todo esto os lo demostraré en este libro.»
>
> *El libro de las maravillas del mundo*, capítulo 68

Los palacios de Kublai Kan eran deslumbrantes por muchas razones: porque estaban pintados con oro y barnices de distintos colores, por su inmensidad, por el número de personas de todos los rangos que se reunían y por su sofisticado protocolo.

Xanadú era un lugar de ensueño protegido por una muralla de más de veinticinco kilómetros. En su interior había un gran palacio rodeado de jardines inmensos, con árboles de todas las especies traídos de todo el Imperio, con fuentes, riachuelos y animales que corrían libremente. En estos jardines también había una tienda construida con bambú y adornada con sedas, joyas y oro; era tan inmensa y confortable que el Gran Kan prefería pasar allí los días de estío.

En Xanadú, Kublai Kan se dedicaba sobre todo a la caza. Y cuando el Gran Kan salía a cazar era todo un espectáculo: cabalgaba con un leopardo en la grupa de su caballo y lo soltaba cuando quería que fuese tras alguna presa. Como todos los guerreros mongoles, el emperador era un gran jinete y veneraba a los caballos. Cada año, antes de abandonar la residencia de verano en Xanadú, visitaba los pastos donde se criaban los caballos y hacía una ofrenda: regaba la tierra con leche de yegua para que los espíritus estuviesen satisfechos y protegiesen a las personas, los animales y las cosechas.

«Y nadie puede beber la leche de estas yeguas, excepto el Gran Kan y los de su linaje y el pueblo que las cuida, que para ellos es un gran honor. Todo el mundo honra a las yeguas y si se las encuentran por el camino se apartan.»

El libro de las maravillas del mundo, capítulo 74

Después de la ceremonia, Kublai Kan se dirigía a la capital del Imperio: Pekín, la antigua Cambaluc.

Capítulo VI
CAMBALUC, CAPITAL DEL IMPERIO MONGOL

Si Xanadú deslumbró al joven Marco, al contemplar Cambaluc se quedó sin aliento. La ciudad tenía una doble muralla de piedra blanca, con magníficos palacios adosados y hermosas puertas.

El palacio del Gran Kan en Cambaluc podía alojar hasta cien mil personas. Desde ahí el emperador dirigía su Imperio y estaba perfectamente comunicado con todos sus reinos. En todos los caminos había puestos con caballos y mensajeros que, como en una carrera de relevos, se pasaban cartas y noticias desde cualquier rincón del Imperio hasta el palacio de Cambaluc y viceversa.

Para Marco Polo, un chico europeo del siglo XIII, las celebraciones de la corte de Cambaluc eran un espectáculo como de otro planeta, ciertamente. Sus dos fiestas favoritas eran el cumpleaños de Kublai Kan y el Año Nuevo.

> «En la corte, siempre que el Kan se sienta a la mesa es como si se celebrase una gran fiesta.»

> *El libro de las maravillas del mundo*, capítulo 85

Cada 28 de septiembre, para celebrar el cumpleaños del emperador, todos se vestían de un mismo color, cada uno según su rango y riqueza, y Kublai Kan los recibía y les ofrecía generosos regalos.

Para celebrar el inicio de un nuevo año todos se vestían de color blanco, y llegaban a Cambaluc emisarios de todas las provincias con regalos para el Gran Kan: oro, perlas, piedras preciosas..., junto con los miles de caballos y elefantes ricamente engalanados que los portaban.

Pero para disfrutar del ceremonial de palacio bastaba con compartir una comida con Kublai Kan. El emperador comía con toda su familia y los principales de su corte, pero su asiento era el más alto, para que las cabezas de los demás quedasen a la altura de sus pies. Las vajillas eran de oro y plata y los sirvientes se cubrían la nariz y la boca con servilletas de seda y oro. Cada vez que el emperador levantaba su copa, sonaba una melodía y todos los presentes se arrodillaban, y todas las comidas acababan con música y baile.

> «Tíbet y Quesmur, los magos del Gran Kan llenan unas copas con vinos y otros brebajes, después

hacen que las copas se muevan sin que nadie las toque y vayan solas a la mesa del señor, que bebe de la que más le gusta.»

El libro de las maravillas del mundo, capítulo 74

Capítulo VII
DE VUELTA A CASA

Marco Polo llegó a conocer muy bien el funcionamiento de la corte y del Imperio, y realizó varias misiones diplomáticas en nombre de Kublai Kan.

En su relato del viaje describe las ciudades que vio, como la de los doce mil puentes o la de las pagodas de oro y plata. También se interesó por el arte del tatuaje o por la vida de pobreza y oración de los monjes budistas. Sintió curiosidad cuando le hablaron de los orangutanes, aunque no llegó a verlos. Admiró la destreza de los pescadores de perlas y el valor de los «encantadores de peces», que nadaban con los tiburones y conseguían alejarlos... Y tantas otras cosas, que a menudo interrumpe la narración porque «sería demasiado largo de contar».

En el año 1291 llegó a Cambaluc una embajada del Kan de Persia, el cual solicitaba casarse con una de las princesas. El Gran Kan accedió y decidió enviarle a su hija Kokatchin. Nicolás, Mateo y Marco solicitaron formar parte de la comitiva y, una vez entregada la princesa, continuar hasta Venecia. Querían volver a casa; Kublai Kan lo comprendió y se despidió con amistad y generosidad.

El viaje de vuelta duró cuatro años y no fue fá-

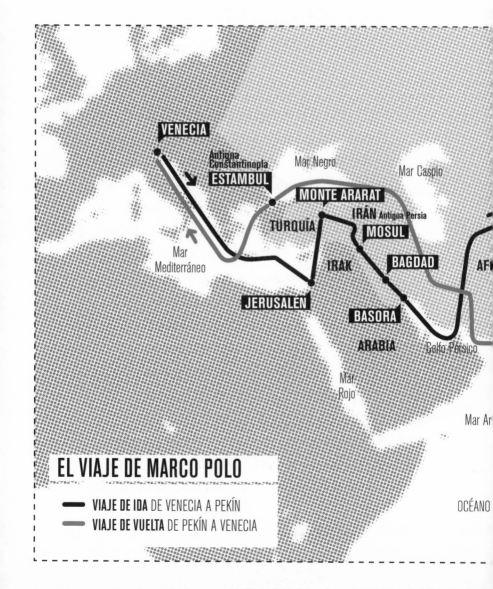

VENECIA

Antigua Constantinopla
ESTAMBUL

Mar Negro

Mar Caspio

MONTE ARARAT

IRÁN Antigua Persia

TURQUIA

MOSUL

Mar Mediterráneo

IRAK

BAGDAD

AF

JERUSALEN

BASORA

ARABIA

Golfo Pérsico

Mar Rojo

Mar Ar

EL VIAJE DE MARCO POLO

▬ VIAJE DE IDA DE VENECIA A PEKÍN
▬ VIAJE DE VUELTA DE PEKÍN A VENECIA

OCÉANO

cil. Viajaron por mar y, a pesar de la fortaleza de sus barcos, la comitiva fue diezmada por tifones, enfermedades y ataques piratas; pero Kokatchin llegó sana y salva a su destino. Durante el viaje, recibieron la triste noticia de la muerte de Kublai Kan.

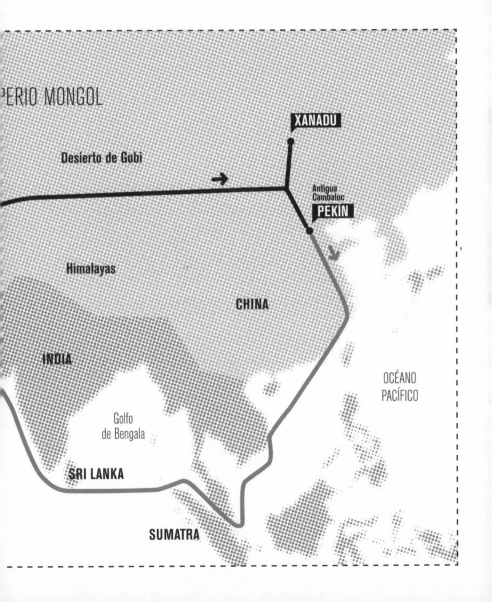

Tras el gran viaje, en 1295 Marco Polo se encontraba de nuevo en Venecia, era rico, tenía cuarenta y un años y una gran historia por contar. En 1298, tres años después de su regreso, Marco Polo participó en la guerra de Venecia contra Génova, otra ciudad-estado del norte de Italia. Cayó prisionero y estuvo preso durante un año en Génova. Fue entonces cuando dictó el relato de su extraordinario viaje a Rustichello de Pisa, un compañero escritor.

Las aventuras de Marco Polo se hicieron famosas, aunque casi todos los que las escuchaban, o leían alguna copia del manuscrito, pensaban que eran una invención.

Al salir de la cárcel, Marco Polo se casó, tuvo tres hijas y vivió hasta los setenta años como un noble veneciano. Cuentan que, estando a punto de morir, le instaron para que confesase de una vez que se había inventado todas sus andanzas; pero Marco contestó con firmeza: «No he contado ni la mitad de lo que vi.»

Retrato de Marco Polo.

«Creo que un hombre
debe luchar hasta el final
por aquello que más desea.»

«Creo que un hombre
debe luchar hasta el final
por aquello que más desea.»

«Creo que un hombre
debe luchar hasta el final
por aquello que más desea.»

ERNEST
SHACKLETON
Y LA
ANTÁRTIDA

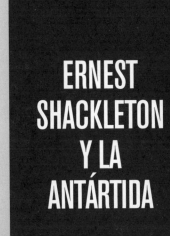

ERNEST
SHACKLETON
Y LA
ANTÁRTIDA

Capítulo I
EL ÚLTIMO CONTINENTE

La Antártida es el fin del mundo. El continente más al sur del planeta es un desierto cubierto por una capa de hielo de más de dos kilómetros de grosor, donde el frío es tan intenso que ni siquiera llueve, apenas nieva y un viento brutal asola el territorio. No está habitado, no crecen las plantas y casi no se adentra ningún animal. Durante seis meses al año, con la llegada del invierno, se sume en la oscuridad más absoluta. Quizá por todo ello fue el último continente descubierto por el hombre y durante siglos nos contentamos con mirarlo de lejos, porque incluso el mar que llega a sus costas se cubre de hielo.

Hace poco más de cien años, algunos hombres intrépidos desembarcaron en la Antártida atraídos por el tesoro geográfico que el continente guarda en su interior: el Polo Sur. Quedaban ya pocos rincones del planeta por explorar y aquellos hombres quisieron ver cómo era el fin del mundo. El irlandés Ernest Shackleton fue uno de los que lo intentó con más empeño y dedicó su vida a la conquista del Polo Sur. Nunca lo consiguió, pero la historia de su fracaso es la más heroica que jamás se ha vivido en la tierra del frío y de la soledad.

La palabra *Ártico* proviene del griego y significa 'oso'. Los astrónomos de la antigüedad llamaron así a la zona del Polo Norte porque las constelaciones que presiden el cielo son la Osa Mayor y la Osa Menor. A la zona del Polo Sur la llamaron *Antártico*, es decir, «opuesta al Ártico» o 'sin osas', porque desde el Sur no se ven estas constelaciones.

El 6 de abril de 1909 el estadounidense Robert Peary llegó al Polo Norte, y dos años más tarde, el 14 de diciembre de 1911, el noruego Roald Amundsen llegó al Polo Sur. Ellos fueron los primeros que contemplaron los cielos polares, tan diferentes pero iguales de fríos. Muchos otros lo habían intentado antes.

Como Ernest Shackleton, que había participado ya en dos expediciones al Polo Sur, la *Discovery* (1901) y la *Nimrod* (1907). Durante unos años fue la persona que más se acercó a ese objetivo; sin embargo, Shackleton fue el hombre que nunca llegó al Polo Sur.

Así que cuando Amundsen se le adelantó definitivamente, buscó otro reto antártico: «Queda el viaje más largo e impresionante de todos, la travesía del continente», declaró. La travesía de la Antártida era una ruta de casi 3000 kilómetros, la mayoría aún no explorados.

Capítulo II
LA RUTA TRANSANTÁRTICA

En 1914 Shackleton decidió emprender la travesía terrestre del territorio antártico. El viaje duró dos largos años.

La Expedición Imperial Transantártica ideada por Shackleton requería dos barcos: el *Endurance* y el *Aurora*. El *Endurance* navegaría a través de los témpanos de hielo del mar de Weddell hasta la costa antártica, con veintiocho hombres a bordo. Desde allí, un grupo reducido, con Shackleton a la cabeza, cruzaría el continente a pie pasando por el Polo Sur hasta llegar al mar de Ross, donde los esperaría el *Aurora*.

Pero nada salió tal y como estaba planeado, y el *Endurance* ni siquiera llegó a tocar la Antártida. La travesía del continente no se llevó a cabo, pero aquellos veintiocho hombres protagonizaron una de las más grandes hazañas de resistencia humana.

«*By endurance we conquer*» («La resistencia nos hará vencer»), ese era el lema de la familia de Ernest Shackleton, y por eso llamó *Endurance* ('Resistencia') al barco que lo llevaría a la Antártida.

> *Se buscan hombres para un viaje peligroso. Sueldo bajo. Frío extremo. Largos meses de completa oscuridad. Peligro constante. No se asegura retorno con vida. Honor y reconocimiento en caso de éxito.*

Este es el texto del anuncio que Shackleton publicó en la prensa inglesa para reclutar a los integrantes de su expedición transantártica. Respondieron unos cinco mil hombres y algunas mujeres. Veintisiete fueron los seleccionados para zarpar a bordo del *Endurance*.

Ernest Shackleton a bordo del *Endurance* poco antes de zarpar hacia la Antártida.

El segundo oficial, Tom Crean, con una camada de cachorros.

Frank Wild fue uno de los elegidos. Ya había estado en la Antártida en varias ocasiones, dos de ellas con Shackleton. De su última expedición, la *Nimrod*, guardaba un recuerdo que lo marcó profundamente. Estando cerca del Polo Sur, Ernest Shackleton ordenó dar marcha atrás y renunciar a la conquista del Polo porque el riesgo era demasiado grande. Durante el agotador regreso, Shackleton obligó a Wild a aceptar una de sus galletas (disponían de cuatro al día para cada uno).

«Supongo que nadie puede darse cuenta de cuánta simpatía y generosidad entrañaba esto. Yo me doy cuenta, por Dios, y nunca lo olvidaré. Miles de libras no habrían podido comprar esa galleta.» Así dejó escrito Wild su agradecimiento, y con acciones como esta Shackleton se ganó la fama de anteponer el bienestar de sus hombres a cualquier otra cosa. Una fama merecida, que demostró con creces a la tripulación del *Endurance*.

En la Expedición Transantártica Shackleton intentó inculcar también a sus hombres un espíritu de unidad e igualdad. Así, en su expedición no había diferencias entre oficiales, científicos o simples marineros a la hora de trabajar duro; todos arrimaban el hombro.

Capítulo III
LOS HOMBRES
DE SHACKLETON

Estos fueron los 28 expedicionarios del *Endurance*: Sir Ernest Shackleton, jefe de expedición; Frank Wild, jefe adjunto; Frank Worsley, capitán del *Endurance*; Frank Hurley, fotógrafo; Hurberht Hudson, navegante; Lionel Greenstreet, primer oficial; Tom Crean, segundo oficial; Alfred Cheetham, tercer oficial; Lewis Rickinson, ingeniero jefe; Alexander Kerr, segundo ingeniero; Dr. James McIlroy, cirujano; Dr. Alexander Macklin, cirujano; Robert S. Clark, biólogo; Leonard Hussey, meteorólogo; James Wordie, geólogo; Reginald James, físico; George Marston, artista; Thomas Orde-Lees, intendente y experto en motores; Harry McNish, carpintero; Charles Green, cocinero; William Stevenson y Albert Holness, maquinistas; John Vincent, Timothy McCarthy, Walter How, William Bakewell y Thomas McLeod, marineros; Perce Blackborow, primero polizón y después mayordomo.

Frank Hurley y Ernest Shackleton.

Perce Blackborow, el miembro más joven de la tripulación, «se coló» en el *Endurance* en Buenos Aires. Blackborow empezó como polizón, pero enseguida fue aceptado por todos; no obstante, cuando fue descubierto, Shackleton quiso asustarlo advirtiéndole que en las expediciones polares se pasaba hambre y siempre se comían... al polizón.

Además de la tripulación, en el barco viajaban también algunos animales, como la Señora Chippy, el gato del carpintero del barco, Harry McNish, apodado *Chippy*. Y también sesenta y nueve perros, de una mezcla de razas adaptadas al frío, que viajaban en las perreras situadas a ambos lados de la cubierta. En la soledad y la oscuridad antártica se convirtieron en unos compañeros entrañables para la tripulación del *Endurance*.

Capítulo IV
NAVEGANDO
HACIA LA ANTÁRTIDA

El 1 de agosto de 1914, el día que el *Endurance* tenía que partir de Londres, estalló la Primera Guerra Mundial. Shackleton puso su barco a disposición de la marina británica, pero le ordenaron que siguiera adelante con la Expedición Transantártica.

Así pues, el *Endurance* zarpó desde Inglaterra e inició la travesía hacia la Antártida. Hicieron la última escala en Georgia del Sur, una isla situada a las puertas del continente antártico. El 5 de diciembre zarparon del pequeño puerto ballenero de la isla dejando tras de sí el mundo habitado; a partir de entonces estarían solos. Cuando el *Endurance* partió de Georgia del Sur, el 5 de diciembre de 1914, estaba a punto de empezar el verano en el Sur y el hielo se derretía en el mar formando enormes bloques.

Navegaron entre icebergs y en compañía de focas, pingüinos y ballenas hasta encontrar los primeros témpanos de hielo, el último obstáculo que los separaba de la costa antártica.

La superficie del mar de Weddell se congela en invierno y se hace impracticable; durante la primavera y el verano austral, aunque la capa de hielo no desaparece completamente, se vuelve más fina y quebradiza, creando un rompecabezas de grandes piezas de hielo por el que un barco puede quizá navegar.

A Frank Worsley, el capitán del *Endurance*, le gustaba hacer chocar la proa del barco contra esos témpanos, escuchar el crujido del hielo al partirse y avanzar a través de los canales que se abrían poco a poco. Pero cada vez era más difícil partir el hielo y encontrar vías de paso. En realidad, el verano de 1914 fue muy frío; el mar de Weddell apenas se descongeló y amenazaba con volver a helarse completamente en cualquier momento.

El *Endurance* en el mar de Weddell.

El 18 de enero de 1915 hacía cinco meses y medio que el *Endurance* había salido de Londres y se encontraba a una sola jornada de navegación de la costa antártica, su destino. Pero ese día, Leonard Hussey, el meteorólogo de la expedición, registró un descenso abrupto de la temperatura y escribió en su diario: «Todo el mar se heló y nosotros nos helamos con él.» La navegación resultó imposible.

En el mar de Weddell hay una corriente circular constante. Así pues, el *Endurance* estaba atrapado, pero no inmóvil; se desplazaba como si estuviese montado en un gran tiovivo de hielo. No había escapatoria posible y la única salida era dejarse llevar por la corriente y el hielo hacia el norte.

Los 28 expedicionarios del *Endurance* tuvieron que aceptar que habían fracasado antes de empezar; como si de una pesadilla se tratase, una mano invisible los alejaba de la Antártida poco a poco. No podían alcanzar tierra firme y tampoco podían regresar. ¡Estaban atrapados!

Capítulo V
OBJETIVO: RESISTIR

Debían prepararse para resistir un año entero, hasta que el siguiente verano se descongelase el mar y el *Endurance* pudiera volver a navegar. Shackleton sabía hasta qué punto era necesaria la resistencia física y mental para sobrevivir en el fin del mundo, y organizó el día a día de la tripulación potenciando la disciplina y la camaradería.

El *Endurance* sería su hogar; cada uno tendría un rincón propio, pero también deberían cumplir con los turnos de trabajo. Afortunadamente, no estaban recluidos en el barco: la capa de hielo que los aprisionaba se convirtió en su patio de recreo; podían bajar y entrenar a los perros, hacer carreras de trineos, jugar partidos de fútbol... A veces incluso llegaban a olvidarse de que no estaban en tierra firme, de que bajo el hielo solo había mar.

Ernest Shackleton creía que el optimismo era la actitud adecuada en cualquier situación, por ello, y a pesar de todo, seguía protagonizando escenas de auténtica alegría. Como el día que improvisó un vals sobre el hielo con Frank Worsley, el capitán. Thomas Orde-Lees lo recogió así en su diario: «Eso es puro Sir Ernest. Siempre es capaz de guardarse sus problemas y mostrar una apariencia valerosa. Su alegría inagotable significa mucho para un grupo de exploradores decepcionados como nosotros. A pesar de su gran decepción, solo se deja ver de buen humor y lleno de confianza. Es uno de los grandes optimistas vivientes.»

En mayo, invierno en el Polo Sur, el sol desapareció y empezó la larguísima noche polar; más que nunca el *Endurance* se convirtió en el centro de sus vidas. Pero el barco estaba tocado por el hielo que lo rodeaba. Shackleton era consciente de ello y así lo transmitió a sus oficiales: «Solo es cuestión de tiempo; el hielo se queda lo que atrapa.» Cada día la madera del *Endurance* crujía más y más; la gruesa capa de hielo que lo aprisionaba cada vez más lo oprimía y Shackleton sabía que acabaría rompiéndolo. Debían abandonar el barco que había sido su hogar durante los diez meses que llevaban atrapados en el mar de hielo. Pero ¿cómo vivirían sobre los témpanos?, ¿qué pasaría cuando se derritiesen?, ¿se ahogarían en el mar?

Descargaron todo lo necesario para acampar en el hielo: tiendas de campaña, cocina, víveres, herramientas y tres botes salvavidas. Lo llamaron Campamento Océano; intentaron acostumbrarse a vivir sobre un bloque de hielo a la deriva, a tener siempre frío y a estar casi siempre mojados. Cuando llegase el deshielo, subirían a los botes para tratar de llegar a tierra firme.

La caza de focas y pingüinos se convirtió en una actividad fundamental, ya que era necesario conseguir más provisiones y racionar las existentes.

Entre todos intentaron que el Campamento Océano fuese lo más acogedor posible. Lo instalaron cerca de los restos del *Endurance*, y durante bastante tiempo pudieron rescatar enseres, hasta que el barco desapareció definitivamente.

La tripulación del *Endurance* en el campamento Océano. Ernest Shackleton es el primero a la izquierda, junto a él está Frank Wild.

El 21 de noviembre de 1915 los restos del *Endurance* se hundieron en el hielo. Desde el campamento todos oyeron el estruendo y lo vieron desaparecer. Su sensación de soledad, de pérdida de hogar, fue total. Shackleton anotó en su diario: «A las cinco de la tarde se fue a pique: la popa fue la última en hundirse. No puedo escribir nada más al respecto.»

La pérdida del *Endurance* tan solo fue la primera. Poco después tuvieron que sacrificar a los animales; no podían alimentarlos y, por supuesto, no podrían viajar en los botes con ellos llegado el momento. Harry McNish sacrificó a su querido gato, la Señora Chippy, y lo enterró en la nieve. Cada tripulante tuvo que despedirse también de los perros que tenía a su cargo.

Capítulo VI
EL INCREÍBLE VIAJE
DEL *JAMES CAIRD*

La vida sobre los témpanos era tan dura que Shackleton ordenó levantar el campamento y continuar caminando; su objetivo era llegar hasta el extremo de los bloques de hielo, donde pudiesen navegar. Cargaron lo imprescindible en los botes y tiraron de ellos. Pero no consiguieron avanzar; extenuados y ateridos, tuvieron que acampar de nuevo y esperar a que la corriente los expulsase a mar abierto. A este segundo campamento lo llamaron Campamento Paciencia.

El 9 de abril de 1916, cuando ya hacía más de cuatro meses que malvivían en el hielo, pudieron por fin subir a los botes porque las aguas se habían descongelado lo suficiente para poder navegar. Navegaron entre tempestades, luchando a golpe de remo contra la corriente. Después de siete días infernales atracaron en isla Elefante. Hacía un año y medio que no pisaban tierra firme, pero estaban demasiado enfermos y desesperados, la mayoría, para celebrarlo: algunos vagaban desorientados, otros solo tiritaban, y otros se llenaban los bolsillos de piedras o enterraban la cara en la arena...

Shackleton empezó a organizar otro campamento, este, al menos, en tierra firme. Utilizaron la grasa de foca como combustible para cocinar la carne e hicieron una cabaña con dos de los botes. El tercer bote, el *James Caird*, tendría que volver a navegar. Los hombres que se quedaban en isla Elefante despidieron a los compañeros que iban a zarpar otra vez intentando mostrarse animados, a pesar de enfrentarse a una angustiosa espera.

Nadie sabía dónde estaban, nadie iría a rescatarlos. Pero Shackleton no estaba dispuesto a dejar morir a sus hombres; así pues, navegó con el *James Caird* hacia Georgia del Sur, la isla de la que habían partido hacía un año y medio, para pedir ayuda.

Navegar con un bote hacia una pequeña isla perdida en el océano, cabalgando sobre olas gigantes, soportando tempestades y hasta un huracán, parece algo imposible. Pero esto es lo que hizo Shackleton con cinco de sus hombres, y, tras diecisiete días de increíble navegación, arribaron a Georgia del Sur.

Capítulo VII
TODOS A SALVO

Habían llegado a una tierra habitada, pero el pequeño puerto ballenero estaba al otro lado de la isla. Tres de los seis hombres se encontraban muy mal y volver a botar el *James Caird* era imposible. Así pues, los tres hombres que aún se tenían en pie se pusieron a caminar. Shackleton, el capitán Worsley y Crean, el segundo oficial, atravesaron las montañas de la isla en treinta y seis horas.

Mientras cruzaban las altas montañas de Georgia del Sur, Shackleton, Worsley y Crean experimentaron una extraña sensación: notaron que alguien más caminaba con ellos, una cuarta presencia que todos sintieron vivamente y que los reconfortó como si de un amigo invisible se tratase.

Finalmente, llegaron al puerto de la pequeña isla y llamaron a la puerta del jefe portuario:

–¿Quién diablos son ustedes? –preguntó el hombre al abrir la puerta, porque le fue imposible reconocer en aquellos espectros a los hombres del *Endurance*.

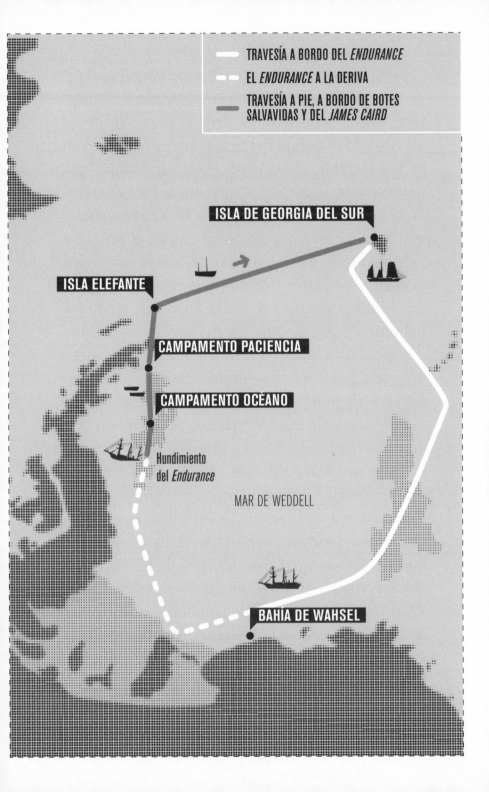

TRAVESÍA A BORDO DEL *ENDURANCE*

EL *ENDURANCE* A LA DERIVA

TRAVESÍA A PIE, A BORDO DE BOTES
SALVAVIDAS Y DEL *JAMES CAIRD*

ISLA DE GEORGIA DEL SUR

ISLA ELEFANTE

CAMPAMENTO PACIENCIA

CAMPAMENTO OCÉANO

Hundimiento
del *Endurance*

MAR DE WEDDELL

BAHÍA DE WAHSEL

—Me llamo Shackleton —afirmó el irlandés.

Shackleton solo pensaba en sus hombres. Pudieron rescatar a los tres que habían permanecido al otro lado de Georgia del Sur, pero los que estaban en isla Elefante, al mando del valeroso Frank Wild, tuvieron que esperar. La guerra que había estallado el mismo día de su partida de Londres mostraba aún todo su horror y no había barcos disponibles para el rescate. Lo intentaron tres veces con naves pequeñas y las tres tuvieron que regresar al topar con el hielo. Por fin, el 30 de agosto de 1916, los hombres de isla Elefante vieron un barco en el horizonte. En la cubierta, Shackleton iba contando: uno, dos, tres... hasta veintidós. Todos, estaban todos; por fin pudo respirar tranquilo: «No se ha perdido ni una vida, y hemos pasado por el infierno.»

Para Ernest Shackleton, después de la Antártida hubo aún más Antártida. El 17 de septiembre de 1921 zarpó de Londres nuevamente rumbo al continente del fin del mundo. La expedición y el barco que comandaba esta vez se llamaban *Quest* ('Búsqueda'). Lo acompañaban algunos de los hombres del *Endurance*, entre los que se encontraban Frank Wild, que había mantenido la moral y la disciplina de los hombres en isla Elefante; Tom Crean, el segundo oficial, y Frank Worsley, el capitán, que habían navegado con él en el *James Caird*.

Arribaron de nuevo a Georgia del Sur, pero esta vez Shackleton no fue más allá; el 5 de enero de 1922 murió repentinamente de un ataque al corazón. Descansa para siempre en Georgia del Sur, la isla que está a las puertas de la Antártida, del Polo Sur, al que tanto deseó llegar.

El *Quest* navegó hasta isla Elefante, y los hombres que habían pasado allí tantas penurias recordaron su odisea sin amargura. Estaban agradecidos por estar vivos.

«La mejor manera
de hacer algo es hacerlo.»

«La mejor manera
de hacer algo es hacerlo.»

«La mejor manera
de hacer algo es hacerlo.»

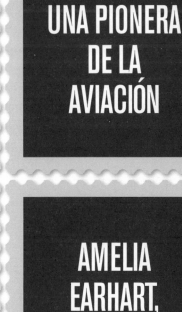

EARHART,
UNA PIONERA
DE LA
AVIACIÓN

AMELIA
EARHART,
UNA PIONERA
DE LA
AVIACIÓN

AMELIA
EARHART,
UNA PIONERA
DE LA
AVIACIÓN

Capítulo I
VOLAR COMO LOS PÁJAROS

«... y el rey de Creta mandó encerrar al sabio Dédalo y a su hijo Ícaro en una alta torre. Pero Dédalo hizo unas alas para cada uno con plumas y cera, y eran tan perfectas que pudieron escapar volando. Entonces Ícaro, sintiéndose libre y a pesar de las advertencias de su padre, voló muy alto, tanto que el sol derritió sus alas y el joven se estrelló contra las olas.»

Desde siempre, la humanidad ha envidiado a los pájaros y ha contado historias sobre sus ansias de volar. Como la del joven Ícaro, que pagó un alto precio a cambio de convertir el sueño en realidad. Pero... ¿valió la pena?

El 28 de diciembre de 1920, una joven de veintitrés años asistió a una exhibición aérea en Los Ángeles y consiguió que la llevaran a dar una vuelta sobre la ciudad en un pequeño aeroplano de dos plazas.

Se llamaba Amelia Earhart. Cuando el avión despegó, supo que aquello era lo que quería hacer en la vida: volar.

Amelia Earhart fue una pionera, como piloto y como mujer. Y voló muy alto, tanto como Ícaro. A pesar de los riesgos, siempre creyó que valía la pena.

Capítulo II
PREPARADOS
PARA DESPEGAR

Muchos pioneros intentaron convertir en realidad el sueño de volar inventando todo tipo de artefactos, pero el comienzo de la historia de la aviación propiamente dicha no llegaría hasta el 17 de diciembre de 1903, cuando los hermanos estadounidenses Orwill y Wilbur Wright hicieron volar por primera vez un avión motorizado, el *Flyer I*. A partir de ese momento, todo fue muy deprisa: la Primera Guerra Mundial lo aceleró todo.

Los países que luchaban en la Gran Guerra (1914-1918) se dieron cuenta de que aquellos aparatos voladores podían ser muy útiles en el combate.

Por primera vez las batallas también se libraron en el aire, y muchos pilotos se convirtieron en grandes héroes, casi en leyendas. Uno de los más famosos fue el alemán Manfred von Richthofen, conocido como *Barón Rojo* por el color de su avión. Fue el piloto que más aviones enemigos derribó durante la guerra, y cuando finalmente él mismo cayó en Francia, sus rivales en el campo de batalla lo enterraron con todos los honores y grabaron en su lápida el siguiente epitafio: «Aquí yace un valiente, un noble adversario y un verdadero hombre de honor. Que descanse en paz.»

Después de la guerra, muchos pilotos de combate se convirtieron en pilotos de exhibición y participaban en las ferias aéreas que se celebraban en muchas ciudades del mundo. A pesar de la temeridad que suponía hacer vuelos acrobáticos con esos aviones tan frágiles, aquellos espectáculos despertaron muchas vocaciones aéreas, como la de Amelia Earhart.

Empezó la época de los récords, durante la cual aviones y aviadores se pusieron a prueba mutuamente y evolucionaron juntos. Unos cuantos hombres y mujeres con ansias de volar se propusieron descubrir hasta dónde podían llegar; siempre un poco más allá: más alto, más lejos...

Fue una época de nombres que se hicieron muy populares, como el de Charles Lindbergh, el primero en cruzar el océano Atlántico en solitario, de Nueva York a París, en el año 1927, a bordo del *Spirit of St. Louis*.

Amelia Earhart inició su carrera de piloto en este increíble momento de la historia de la aviación.

Capítulo III
AMELIA EARHART, EN NOMBRE DE TODAS LAS MUJERES

Pero ¿qué motiva ese deseo de ir más allá? Amelia Earhart escribió varios libros en los que narraba sus experiencias y expresaba su motivación. En el relato de su vuelo en solitario de Hawái a California podemos leer: «Después de la medianoche me quedé sola con las estrellas; nunca había visto tantas ni tan a mi alcance. He dicho muchas veces que la tentación de volar es la tentación de la belleza, y no necesito ningún otro vuelo para saber que lo que atrae a los aviadores, lo sepan o no, es la experiencia estética del vuelo.»

Amelia Earhart quería volar y no permitió que el hecho de ser mujer se lo impidiera. Así lo explicó en una carta a su marido, George Putnam: «Por favor, ten la seguridad de que soy muy consciente de los riesgos. Quiero hacerlo porque quiero hacerlo. Las mujeres deben intentar hacer cosas como lo han intentado los hombres. Y cuando fracasen, su fracaso solo debe ser un desafío para otras.»

En junio de 1928 Amelia Earhart, que ya acumulaba muchas horas de vuelo como piloto, aceptó la propuesta de cruzar el Atlántico como pasajera. A bordo del avión Fokker F7, apodado *Friendship*, la acompañaban el piloto Bill Stultz y el copiloto y mecánico Lou Gordon. Amelia fue la primera mujer en recorrer ese trayecto, que entonces era muy peligroso, y se convirtió en una celebridad. Sobre esta aventura escribió el libro *20 horas y 40 minutos*, que fue el tiempo que duró el vuelo.

La fama le permitió seguir volando, pero no lo hizo a solas: había muchas otras mujeres que también luchaban por ser pilotos, y no solo pasajeras. Por eso, dado que las competiciones que se celebraban en los Estados Unidos estaban destinadas tan solo a los hombres, en agosto de 1929 Amelia Earhart organizó la Primera Carrera Aérea Femenina. Se inscribieron noventa y nueve mujeres, que despegaron con entusiasmo para cruzar el país con sus avionetas.

Todas ellas compartían el deseo de Amelia Earhart: «Espero que llegará el día en que las mujeres ya no sufrirán discriminaciones por razones de sexo y serán personas libres para vivir sus vidas como los hombres viven las suyas, independientemente del continente en que hayan nacido.» Sin embargo, fueron muy criticadas; la carrera recibió en la prensa el irónico sobrenombre de la «Carrera del Maquillaje» y sus participantes fueron denominadas *Ángeles* o *Damas con Alas*. «Todavía estamos intentando conseguir que nos llamen simplemente pilotos», constató Earhart con buen humor.

Tras la carrera, las noventa y nueve participantes se constituyeron en una organización para darse apoyo mutuo y seguir avanzando en el mundo de la aviación. Se llamaron, precisamente, *The Ninetynines* ('Las noventa y nueve') y Amelia Earhart fue elegida como su primera presidenta. Esta organización acoge hoy en día a más de 5 500 mujeres piloto de todo el mundo.

Algunas participantes de la Primera Carrera Aérea Femenina. Amelia Earhart es la cuarta por la derecha.

En años posteriores, cuando las hazañas de Amelia Earhart eran ya celebradas y reconocidas, todavía tuvo que soportar algunos comentarios despectivos, en especial sobre su aspecto poco convencional o femenino; he aquí un ejemplo: «Amelia Earhart avanza en su vuelo alrededor del mundo. Le esperan largas horas de aburrimiento con poco que hacer y mucho en que pensar. Si pudiéramos establecer contacto con ella solo tendríamos un mensaje que transmitirle: "Rogamos a Dios que en el equipaje metieras un peine. Porque, de esto no hay duda, necesitas peinarte bien esos cabellos. Es hora de desenredarlos y darles un buen cepillado. Así pues, durante las largas horas de vigilia solitaria sobre el océano gris y melancólico, ¡péinate, chica, péinate!"»

Capítulo IV
CRUZANDO EL ATLÁNTICO

Las hazañas de aquellas pioneras de la aviación aún son recordadas; una de las más famosas ocurrió el 20 de mayo de 1932. A las 7 h de la mañana, Amelia Earhart despegó de Harbor Grace (Newfoundland, Canadá) a los mandos de su amado *Lockheed Vega* rojo. Su objetivo: cruzar sola el Atlántico.

El *Lockheed Vega* era uno de los aviones que pilotaba Amelia Earhart, que lo describió así: «Era un aparato que entraba por los ojos. En tierra quizá parecía un tanto chillón, pero estoy segura de que recortado contra una de esas nubes blancas de nata, se veía muy hermoso.»

Era el día del quinto aniversario de la hazaña de Charles Lindbergh. Desde entonces nadie más había cruzado el océano en solitario. Algunos hombres y mujeres habían fallecido en el intento, otros seguían empeñados en lograrlo y Amelia Earhart fue quien lo consiguió. A pesar de los problemas mecánicos del avión y del mal tiempo que tuvo que superar durante el vuelo, llegó al otro lado del océano sana y salva al cabo de 14 horas y 50 minutos.

«Después de asustar a todas las vacas del vecindario», aterrizó en un prado cercano a una granja.

–¿Dónde estoy? –preguntó.

–En el prado de Gallegher, ¿viene de muy lejos?

–¡De América!

El prado de los Gallegher resultó estar en el noroeste de Irlanda; tras de sí quedaba el Atlántico. Pero había más océanos por cruzar y Amelia Earhart tenía el coraje suficiente para hacerlo.

Tras esta aventura, todavía quedaban algunos retos, hasta el mayor de todos: la vuelta al mundo. Pero a lo largo de su vida Amelia Earhart consiguió numerosos récords:

22 de octubre de 1922, récord de altitud femenino.

17-18 de junio de 1928, primera mujer que cruza el Atlántico como tripulante.

25 de junio de 1930, récord de velocidad femenino.

5 de julio de 1930, récord de velocidad absoluto.

8 de junio de 1931, récord de altitud femenino con autogiro.

20-21 de mayo de 1932, primera mujer que cruza el océano Atlántico en solitario.

24-25 de agosto de 1932, primera mujer que cruza los Estados Unidos de costa a costa en solitario y sin escalas.

7-8 de julio de 1933, mejora su anterior récord transcontinental.

11 de enero de 1935, primera persona que vuela en solitario de Hawái a California.

19-20 de abril de 1935, primera persona que vuela en solitario de Los Ángeles a México.

Junio de 1937, inicia la vuelta al mundo.

Capítulo V
EL ÚLTIMO VUELO

La década de los treinta fue la de la Gran Depresión, una grave crisis económica mundial. Gran parte de la población no pudo evitar la pobreza y el desánimo. En ese contexto Amelia Earhart, a punto de cumplir cuarenta años, se propuso llevar a cabo un último gran vuelo: la vuelta al mundo. Nadie lo había logrado aún y enseguida se convirtió en el símbolo de la ilusión que todos deseaban recuperar. Recibió muchas cartas de chicos y chicas que anhelaban ser como ella, ir con ella:

> «Tengo 15 años, peso 48 kilos, soy tranquilo y quiero ver el mundo. No tengo dinero, pero trabajaré lo que haga falta.»

> «Por favor, enséñeme a volar; le pagaré aunque me lleve el resto de mi vida. No tengo dinero porque mi padre trabaja en una mina.»

«Detrás de una fábrica de ladrillos, cerca de nuestra casa, hay un pequeño lago muy bonito y le he puesto Lago Amelia. Con las niñas juego a que soy Amelia y querría ponerle Amelia a mi mascota, pero no puedo porque es un pato.»

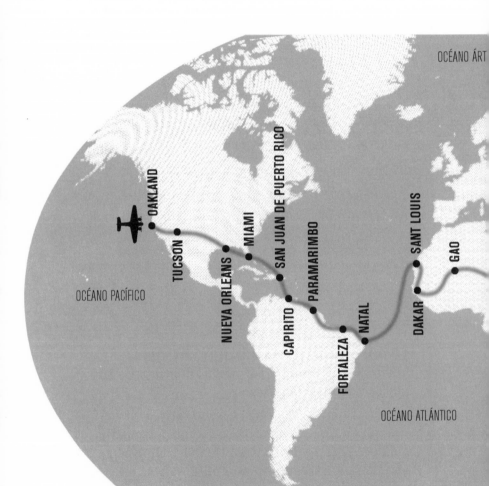

RUTA DEL ÚLTIMO VUELO DE AMELIA EARHART

El plan era sobrevolar el planeta siguiendo la línea del Ecuador. La planificación era difícil y costosa, ya que había que decidir las etapas teniendo en cuenta dónde podría encontrar aeropuertos equipados con asistencia mecánica y combustible para repostar.

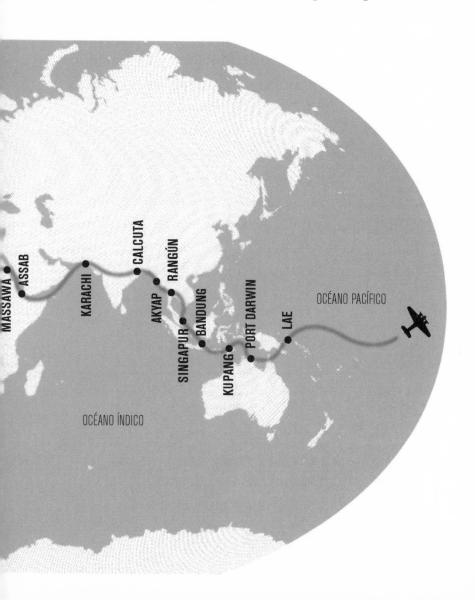

Pero sobre todo necesitaba un buen avión. Su *Lockheed Vega* no era el apropiado para emprender esta aventura; había cruzado océanos con él, pero en esta ocasión tendría que cruzar el Pacífico de un extremo al otro y no era aconsejable hacerlo con un avión de un solo motor.

Necesitaba el hermano mayor del *Vega*, el *Lockheed Electra*, un precioso bimotor. Pero ¿quién iba a proporcionarle este avión para que, además, lo llevase a dar tumbos por todo el mundo?

«Una de mis indignaciones favoritas surge del hecho de que las chicas, sobre todo aquellas cuyos gustos se salen de lo común, no suelen recibir un trato justo.» Así se lamentaba Amelia Earhart de las escasas posibilidades que tenían las mujeres de desarrollar vocaciones que por aquel entonces no eran consideradas femeninas (la mayoría). Incluso tenía el sueño de crear un taller mecánico donde las chicas pudiesen «tumbarse bajo un vehículo, hurgar en las entrañas de un motor y, si no hay más remedio, ensuciarse el pelo de grasa». Pero no fue necesario, ya que en la Universidad de Purdue, en el estado norteamericano de Indiana, admitían a mujeres en las carreras de mecánica e ingeniería.

Hacía tiempo que Amelia Earhart colaboraba con esta universidad y fue gracias a la Fundación

Purdue para la Investigación que obtuvo su *Lockheed Electra,* un aparato extraordinario equipado como un auténtico laboratorio volante.

La cabina de pilotaje del *Electra* tenía dos asientos rodeados de más de un centenar de indicadores y mandos. El aparato llevaba doce depósitos de combustible: seis en las alas y seis dentro del avión. De modo que para pasar de la cabina a la parte trasera del avión había que reptar sobre los depósitos. Esto hizo que Amelia se acostumbrase a subir y bajar del *Electra* por la escotilla de su cabina. Pero la parte trasera no quedó deshabitada porque para esta aventura Amelia Earhart contó con un compañero de viaje: Fred Noonan, un experto en navegación aérea capaz de orientarse y dirigir un avión hacia cualquier lugar.

Antes de ser piloto y un experto navegante aéreo con muchas horas de vuelo, Fred Noonan fue marino; cruzó siete veces el cabo de Hornos y navegó por todo el mundo. Conocía muy bien el océano Pacífico, desde el agua y desde el cielo. De su compañera piloto opinaba: «Amelia es la persona idónea para este viaje. Es la única mujer aviadora con la que emprendería una expedición así. Porque además de ser una excelente compañera y piloto, puede trabajar y encajar las dificultades tan bien como un hombre.»

Amelia Earhart y Fred Noonan.

No perderse era fundamental; sobrevolarían selvas, desiertos, océanos... y tenían que llegar a los puntos de aterrizaje planificados antes de agotar el combustible. Así pues, Noonan tenía su mesa en la parte de atrás del avión, donde desplegaba sus mapas e instrumentos, y utilizaba un sistema de cuerdas para pasar sus notas a la piloto durante el vuelo.

Capítulo VI
UN PRIMER INTENTO
Y UN CAMBIO DE PLANES

El 17 de marzo de 1937 el *Electra* cubrió la primera
etapa de su vuelta al mundo: California-Hawái. La
intención era iniciar el viaje cruzando el inmenso
Pacífico, sin duda lo más difícil, pues había que ir
de una isla diminuta a otra. Pero al despegar de Ho-
nolulu un fallo mecánico hizo que el avión se ladea-
ra y golpease contra la pista con un ala. Durante sus
esfuerzos por controlarlo, Amelia Earhart decidió:
«Si no ardemos, quiero volver a intentarlo.» Afortunadamente, los 4350 litros de combustible de los
doce depósitos no explotaron, pero el avión necesi-
tó dos meses de reparaciones antes de reemprender
el vuelo.

El 21 de mayo partieron de California de nuevo. Debido a condiciones meteorológicas adversas,
sobre todo los huracanes, decidieron cambiar la di-
rección del vuelo: en vez de atravesar primero el
Pacífico, empezarían por el océano Atlántico y deja-

rían el Pacífico para el final. Todo ello ocasionó nuevos gastos, pero Amelia Earhart no lo dudó: «Tuve que hipotecar mi futuro, pero lo hice sin reparos, porque... ¿para qué sirve el futuro?» Tampoco Fred Noonan vaciló.

Durante más de un mes despegaron, volaron, aterrizaron, y vuelta a empezar. Contemplaron el mundo desde el aire y apenas lo vieron desde el suelo. En la cabina del *Electra*, junto con la piloto experimentada, también viajaba una niña fantasiosa. Así nos lo cuenta Amelia Earhart: «Cuando era niña me fascinaban las aventuras de viajes. Con mi hermana y mis primas satisfacía mis ambiciones fantaseando. Detrás de nuestra casa de Atchinson había un granero; allí, en un viejo carruaje abandonado, emprendíamos viajes imaginarios llenos de peligros fabulosos.»

Los dos aviadores fueron bien recibidos allá donde se posaron apenas unas horas, o quizá un par de días si alguna reparación o el mal tiempo lo requerían. Así lamentó Amelia no poder conocer cada lugar: «Espero que llegue un día en que pueda quedarme en un sitio todo el tiempo que quiera.»

Pero desde su precioso *Electra* pudo tener una visión maravillosa del mundo: vio las espesas selvas tropicales y la desembocadura del Amazonas «como tentáculos de agua lodosa que enturbiaban el mar», descendió en mitad del Atlántico para saludar a la tripulación de un barco, distinguió las copas de los baobabs y los hipopótamos, admiró el desierto inacabable, tuvo que esquivar águilas en pleno vuelo, bajo el diluvio monzónico lamentó no pilotar un submarino, sobrevoló cráteres de volcanes, la deslumbró un rayo de sol rozando la punta de una gran pagoda, cruzó nubes que parecían personajes de un cuento de hadas... Todo y más, mucho más, hasta llegar a Lae, Nueva Guinea.

Amelia en su *Lockheed Electra*.

Capítulo VII
LA ÚLTIMA ETAPA

El 30 de junio de 1937 el *Lockheed Electra* aterrizó en Lae. Solo el Pacífico los separaba de los Estados Unidos, su hogar. La última etapa sería la más larga de todas; tenían que llegar a la isla de Howland, una porción de tierra diminuta en mitad del océano. Para aligerar peso y consumir menos combustible, en Lae se desprendieron de todo lo que no fuese estrictamente necesario. El *Electra* podía cubrir la distancia entre Lae y la isla de Howland, pero si se equivocaban no les quedaría combustible para corregir el rumbo.

Amelia estaba a punto de enfrentarse al océano más grande de su vida y lo sabía: «Hace poco más de un mes estaba en la otra orilla del Pacífico, mirando hacia el oeste. Esta noche miro hacia el este, al otro lado del Pacífico. En estos días de ritmo acelerado que estamos viviendo, hemos dejado atrás toda la anchura del mundo salvo este gran océano.

Me alegraré cuando también hayamos dejado atrás los peligros de su navegación.»

Despegaron el viernes 2 de julio a las diez de la mañana. Estaba nublado. Un barco de la marina de los Estados Unidos, el *Itasca,* los esperaba cerca de Howland para indicarles el camino. A las 19.30 h oyeron la voz de Amelia Earhart: «KHAQQ llamando al *Itasca.* Debemos de estar encima de ustedes pero no los vemos... El combustible se está agotando...»

El *Itasca* intentó varias veces contactar con el *Electra,* sin resultado. Al cabo de dos horas empezó la búsqueda. Jamás encontraron ningún rastro del *Lockheed Electra,* de Amelia Earhart ni de Fred Noonan. Tuvieron el mismo final que Ícaro: la inmortalidad de los héroes.

Para localizar el *Electra* y sus ocupantes se emprendió la búsqueda más intensa llevada a cabo hasta entonces. Amelia Earhart se había convertido en un icono nacional y su viaje era seguido con muchísimo interés. Durante dieciséis días, nueve barcos y sesenta y seis aviones escrutaron el Pacífico. No encontraron nada y fue precisamente esta falta absoluta de evidencias, pruebas, restos... la que dio alas a todo tipo de hipótesis.

Algunas de las principales fueron: a) Amelia Earhart consiguió aterrizar en otra de las diminutas islas desiertas del Pacífico, donde deben de estar los restos del avión y sus ocupantes; b) Amelia Earhart, siguiendo las órdenes del presidente de los Estados Unidos, aterrizó en territorio japonés, donde trabajó como espía durante años. Finalmente, fue repatriada con otra identidad. Murió anciana y feliz en los Estados Unidos; c) Amelia Earhart fue capturada por los japoneses y murió como prisionera.

Aún hoy en día el enigma de su completa desaparición sigue despertando interés.

«Sabíamos que esta balsa iba a ser todo nuestro mundo durante el tiempo que durara el viaje.»

«Sabíamos que esta balsa iba a ser todo nuestro mundo durante el tiempo que durara el viaje.»

«Sabíamos que esta balsa iba a ser todo nuestro mundo durante el tiempo que durara el viaje.»

Y LA
EXPEDICIÓN
DE LA
KON-TIKI

THOR
HEYERDAHL
Y LA
EXPEDICIÓN
DE LA
KON-TIKI

THOR
HEYERDAHL
Y LA
EXPEDICIÓN
DE LA
KON-TIKI

Capítulo I
UNA HIPÓTESIS RAZONABLE

Esta aventura empezó una noche de 1936 alrededor de una hoguera en la playa de una pequeña isla de la Polinesia, un conjunto de casi mil islas diseminadas por el océano Pacífico, mayoritariamente en el triángulo formado entre Nueva Zelanda, Hawái y la Isla de Pascua.

Aquella noche un anciano del lugar volvió a contar la leyenda de Tiki, el hijo del Sol. Según la leyenda, los antepasados de los habitantes de la isla habían llegado, guiados por Tiki, desde una gran tierra al otro lado del mar.

Thor Heyerdahl, un joven noruego que se había instalado en la isla con su esposa, lo escuchaba con atención y quiso descubrir cuál era aquella tierra lejana.

Casi todos los científicos creían que los primeros habitantes de la Polinesia habían llegado de Asia. Pero aquella noche Thor miró hacia el otro lado, ¿por qué no? ¿Por qué Tiki, el hijo del Sol, no podría haber llegado con su gente navegando desde la costa de América del Sur?

Pero siempre que Thor Heyerdahl formulaba esta pregunta obtenía la misma respuesta terminante: las antiguas civilizaciones de América del Sur no sabían construir grandes barcos, solo balsas. Y, como todo el mundo sabe, es imposible cruzar el océano en balsa..., ¿no?

Al cabo de diez años, Thor Heyerdahl había realizado algunas investigaciones que le llevaron a creer firmemente que los primeros pobladores de la Polinesia habían llegado de América del Sur. Se basaba en varias razones, pero la más importante fue una palabra: Tiki.

Las antiguas civilizaciones del Perú adoraban al Sol, al que llamaban Tiki, Kon-Tiki, Dios-Sol. El mismo nombre que Thor escuchó aquella noche en la Polinesia; el dios Sol de esas pequeñas islas en mitad del Pacífico también se llamaba Tiki. Sin embargo, las palabras no cruzan solas un océano. Alguien tenía que haber llevado el nombre de Tiki y su historia del Perú a la Polinesia; aunque fuese sobre una balsa. Y Thor Heyerdahl, cansado de oír que aquello era imposible, decidió probarlo. Necesitaba una balsa y una tripulación. La balsa se llamaría Kon-Tiki, pero ¿quién sería capaz de embarcarse en semejante aventura para probar la verdad de una leyenda?

Capítulo II
LA TRIPULACIÓN
DE LA KON-TIKI

Al líder de esta aventura le fue muy fácil enrolar a cinco hombres más: cuatro noruegos y un sueco. Todos los miembros de la tripulación de la Kon-Tiki eran descendientes de vikingos (los antiguos escandinavos que fueron grandes guerreros y navegantes). Y, como a los viejos piratas, también los acompañaba un loro: una hembra a la que llamaron Lorita. Cuando embarcó sabía algunas palabras en español, pero enseguida demostró su don de lenguas imitando expresiones noruegas.

La tripulación de la Kon-Tiki estaba formada por:

 THOR HEYERDAHL, miembro del Club de Exploradores de Nueva York, un lugar en pleno Manhattan lleno de personajes intrépidos que contaban apasionantes historias. Fue allí donde empezó a encontrar el dinero y la ayuda que necesitaba para su proyecto.

KNUT HAUGLAND, héroe de la Segunda Guerra Mundial y condecorado por los británicos por su participación en decisivas batallas. Era técnico de radio y paracaidista. Había conocido a Heyerdahl durante la guerra.

TORSTEIN RAABY conoció también a Heyerdahl durante la guerra; al recibir la propuesta de su amigo de cruzar el océano en una balsa, simplemente respondió con un telegrama que decía: «Voy. Torstein.»

BENGT DANIELSSON, sociólogo, el sueco de la tripulación y el último en incorporarse. Entró en Perú remontando el río Amazonas en canoa. Había estado conviviendo con tribus de la selva. Al llegar a Lima se enteró de la expedición en balsa y enseguida buscó a Heyerdahl para formar parte de ella.

ERIK HESSELBERG, amigo de la infancia de Heyerdahl. Era un experto navegante que había dado la vuelta al mundo varias veces. Aunque se había retirado para dedicarse a la pintura, no dudó en apuntarse al plan de su amigo.

HERMAN WATZINGER, ingeniero. Coincidió con Heyerdahl en el Hogar de los Marineros Noruegos de Nueva York cuando este ideaba su proyecto. Dejó su trabajo de inmediato para participar en la expedición.

La tripulación de la Kon-Tiki.

Capítulo III
CONSTRUYENDO
LA KON-TIKI

Para probar la teoría de Heyerdahl había que construir la balsa al igual que las civilizaciones prehistóricas sudamericanas; por lo tanto, sin clavos ni alambres; todo estaría sujeto y atado con cabos. Construir la Kon-Tiki se convirtió también en una aventura.

Para construir una balsa se necesitan... troncos de madera de balsa, o *balso*, un árbol que crece en la selva de Ecuador. Thor Heyerdahl y Herman Watzinger fueron los encargados de conseguirlos. Antes que aprender a ser marinos, tuvieron que aprender a ser leñadores en la selva. Y allí también aprendieron a sacudir la ropa antes de vestirse por si había algún escorpión escondido, a esquivar las serpientes, a acostumbrarse a la mirada de las iguanas...

Fue difícil porque era la estación de las lluvias y nadie creía posible encontrar un camino transitable para entrar y salir de la selva. Pero ellos lo encontraron: accedieron en todoterreno desde lo alto de la cordillera de los Andes hasta la plantación de balsas de don Federico von Buchwald, en la ciudad ecuatoriana de Quevedo, y salieron del corazón de la selva navegando río abajo hasta el océano en dos balsas improvisadas, construidas con los doce troncos que habían talado.

Thor Heyerdahl y Herman Watzinger, siguiendo una costumbre polinesia, habían dado nombre a los árboles de balsa antes de talarlos. Los doce troncos que formaban la base de la Kon-Tiki se llamaban: Ku, Kane, Kama, Ilo, Mauri, Ra, Rangi, Papa, Taranga, Kura, Hiti y Kukara; todos ellos nombres de dioses antiguos, como Tiki.

La tripulación se reunió en el puerto de El Callao, en Perú, donde construyeron la Kon-Tiki. Antes de su botadura la visitaron marineros, autoridades y científicos; todos presagiaron el mismo fin para la Kon-Tiki: no resistiría el océano y se hundiría con la tripulación.

La balsa medía 15 metros de largo por 10 metros de ancho, aproximadamente. En este espacio deberían convivir, si todo iba bien, unos cien días, que es el tiempo que habían calculado que duraría la travesía. Llevaban un pequeño bote de caucho como único salvavidas.

La balsa disponía de todo lo necesario:

Una bodega. En la parte central de la balsa colocaron una sobrecubierta de cañas de bambú, de manera que quedase un espacio vacío entre esta y los troncos de la base. Este espacio se convirtió en la bodega de las provisiones. Llevaban agua, canastos de fruta fresca, muchos cocos y raciones de alimentos donadas por el ejército. Para que el agua del mar no deteriorara los víveres, Herman Watzinger tuvo la idea de impermeabilizar las cajas cubriéndolas con asfalto caliente y rebozándolas con arena.

Una cubierta. En la mitad de la balsa levantaron una cabaña hecha con cañas y hojas de bambú y banano. Sería la única casa de los tripulantes durante la travesía. En su interior había la radio y otra pequeña bodega para las cajas de instrumentos científicos, el equipo de filmación y los enseres personales de la tripulación. Erik Hesselberg guardó en su caja su guitarra y material para pintar, y Bengt Danielsson, setenta y tres libros.

El resto del espacio sería para extender los sacos de dormir y descansar.

En la parte exterior de la cabaña, al lado de la puerta, amarraron otra gran caja donde pusieron una cocina de gas.

El timón. En la parte posterior de la balsa, la popa, instalaron un timón de seis metros de largo. Allí pasarían todos ellos mucho tiempo, relevándose en turnos de dos horas, de día y de noche.

La vela. Los mástiles de la Kon-Tiki eran de madera de mangle, durísima y casi indestructible. En la parte más alta había un puesto de vigía. Erik Hesselberg, el artista del grupo, pintó sobre la vela la cara de Kon-Tiki, para que los protegiese y guiase.

RUTA DE LA KON-TIKI

OCÉANO PACÍFICO NORTE

ECUADOR

CIUDAD DE QUEVEDO

ECUADOR

PERÚ

ISLA DE RAROIA

PUERTO DE CALLAO

AMÉRICA DEL SUR

ARCHIPIÉLAGO DE TUAMOTU

ISLA DE PASCUA

OCÉANO PACÍFICO SUR

Capítulo IV
POR EL OCÉANO PACÍFICO
COMO LOS DIOSES
DE LA ANTIGÜEDAD

El 28 de abril de 1947 la Kon-Tiki, por fin, zarpó del puerto de El Callao rumbo a la Polinesia. Un remolcador arrastró la balsa desde el puerto a mar abierto, pero lo hizo antes de tiempo. Solo Heyerdahl y Lorita estaban a bordo cuando empezaron a remolcar la balsa; los otros *vikingos* paseaban aún por la ciudad.

Cuando Heyerdahl notó que la Kon-Tiki se movía, intentó alertar a los marineros del remolcador y a la muchedumbre reunida en el puerto. Pero todos creyeron que el noruego se despedía y le contestaron con entusiasmo. Hasta que el resto de la tripulación no apareció en el puerto nadie se dio cuenta de lo que estaba pasando; inmediatamente los subieron a otro barco para ir tras la balsa. Así fue como la Kon-Tiki zarpó perseguida por su tripulación que, afortunadamente, la alcanzó antes de que comenzara a navegar a mar abierto.

La primera semana de navegación de la Kon-Tiki por el océano tampoco fue mejor, ya que tuvieron que aprender a gobernar la balsa sobre la marcha y con un fuerte temporal. Pero los hombres que se habían apuntado a tan descabellada travesía demostraron estar a la altura de las circunstancias y lucharon con la vela, el timón y el océano sin desfallecer. Incluso ante la primera gran ola que se levantó frente a ellos como una pared: la Kon-Tiki resistió y pudo remontarla; a partir de ese momento se concentraron en ser dignos marineros.

Al cabo de una semana, el mar cambió de color –de verde a azul– y se calmó. Habían llegado a la zona de la corriente de Humboldt: una especie de autopista marina que empieza en la Antártida y sube por la costa occidental de América del Sur hasta el Perú, donde se desvía hacia la Polinesia. Los *vikingos* confiaban en que la corriente de Humboldt y los vientos alisios condujesen a la Kon-Tiki hasta su destino.

> «El mar entero era nuestro y, con todas las puertas del horizonte abiertas, verdadera paz y libertad descendían sobre nosotros desde el firmamento. Era como si el fresco sabor salado del aire y la pureza azul que nos rodeaba nos hubieran lavado en cuerpo y alma.»

Thor Heyerdahl llevando el timón.

La balsa ya estaba bajo control y el océano parecía haberlos aceptado. Solo Bengt Danielsson y Lorita tuvieron que superar otra prueba: el mareo. Los dos se refugiaron en la cabaña; el sueco en un rincón y Lorita en su jaula. Pasados unos días, sus cuerpos se adaptaron al balanceo y el mareo desapareció. Entonces empezó para todos la vida cotidiana en la Kon-Tiki. Se repartieron las tareas y el resto del tiempo cada uno lo pasaba a su manera: pintando, leyendo, pescando...

Capítulo V
LA VIDA A BORDO

A bordo de la balsa todos compartían las tareas *domésticas*, pero cada uno tenía una labor de la que era responsable en exclusiva: Herman Watzinger recopilaba datos meteorológicos; Knut Haugland y Torstein Raaby se encargaban de la radio y estuvieron en contacto con radioaficionados durante casi toda la travesía, sus principales enemigos eran la humedad y Lorita, que insistía en mordisquear la antena; Erik Hesselberg era el navegante experto, comprobaba el rumbo y fijaba su posición en los mapas; Bengt Danielsson se encargaba de la intendencia y de repartir las raciones de comida.

La cocina se utilizaba para calentar los alimentos y, sobre todo, preparar el pescado. Cada mañana, el encargado de cocina recogía los peces voladores que durante la noche habían aterrizado en cubierta y preparaba el desayuno. Knut Haugland y Bengt Danielsson comían solo las raciones del ejército, pe-

Bengt Danielsson cocinando.

ro el resto disfrutaba probando todo tipo de pescado, marisco, algas, plancton... Y Thor Heyerdahl hacía las filmaciones y llevaba el cuaderno de bitácora, una especie de diario de a bordo donde se anotan todos los acontecimientos que tienen lugar durante una travesía.

En la popa, cerca de la posición del timonel, en una pequeña cavidad, se instaló un cangrejo muy sociable: salía para agarrar pequeños trozos de pescado que le daban los miembros de la tripulación y

Knut Haugland y Torstein Raaby reparando la radio en cubierta.

se quedaba quieto mirando al timonel. Le llamaron Johannes.

Además, los tripulantes debían llevar a cabo algunas tareas de mantenimiento, ya que la integridad de la Kon-Tiki dependía de que todos los cabos que sujetaban los troncos de la balsa aguantasen. Por eso cada día los comprobaban todos, especialmente los que estaban bajo el mar; cuando no había tiburones a la vista, uno de los tripulantes se sumergía mientras dos más lo sujetaban por las piernas.

Capítulo VI
UN OCÉANO
LLENO DE VIDA

La relación de los hombres de la Kon-Tiki con las especies de animales del océano fue evolucionando a lo largo de la travesía. Al principio eran depredadores: pescaban para alimentarse. Capturaban dorados, tiburones, atunes, bonitos y en una ocasión hasta compitieron con otros depredadores para atrapar una tortuga... que escapó.

Pero también ellos mismos temían ser *pescados*. Tuvieron encuentros aterradores con un tiburón ballena más grande que la balsa, con pulpos gigantes que emergían de noche, con peces culebra de afilados dientes, con manadas de ballenas... Aunque finalmente ninguno de estos *monstruos* atacó la Kon-Tiki; simplemente parecía que se acercaban a la balsa para satisfacer su curiosidad.

Sin duda alguna, los animales más temibles eran los tiburones. Los tripulantes de la Kon-Tiki los pescaban y a veces había más de uno en cubierta. Lo más importante en estas ocasiones era no confiarse: no pasar nunca cerca de la boca de un tiburón, aunque pareciese muerto. Lo mejor era sujetarlos con la cola en alto hasta que dejaran de moverse.

Aunque nunca dejaron de tomar precauciones contra estos fieros compañeros de viaje, se acostumbraron a ellos y hasta aprendieron a acariciarlos cuando pasaban al lado de la balsa y a darles comida. También construyeron una especie de jaula con un gran canasto, cañas y cabos, para sumergirse y disfrutar del fondo del océano incluso en compañía de tiburones.

Pero el gran espectáculo del océano llegaba por la noche y lo ofrecían los animales marinos más diminutos: el plancton, una masa de pequeñísimos seres casi transparentes; algunos de estos animales emanan luz, una fosforescencia que enciende el océano y que, como dijo Heyerdahl, «rivaliza con las estrellas».

El mayor temor de la tripulación era quedarse atrás, es decir, caer al agua. Porque era imposible detener el avance de la Kon-Tiki; la balsa no podía parar ni virar. Así pues, el 21 de julio todos temieron lo peor cuando Herman Watzinger cayó por la borda. A pesar de ser un excelente nadador, no pudo acercarse a la popa ni agarrarse al timón; Herman Watzinger se estaba quedando atrás

Thor Heyerdahl sujetando un tiburón.

y cada vez estaba más lejos de la balsa. Mientras tanto, sus compañeros luchaban contra el viento para lanzar al agua el bote que tenían en la balsa. Por fin, Erik Hesselberg y Knut Haugland se hicieron a la mar en el pequeño bote, unidos a la Kon-Tiki por un largo cabo. Herman ya estaba muy lejos, en territorio de tiburones, pero Knut se ató un cabo a la cintura y se tiró al agua con un salvavidas, nadó con todas sus fuerzas y consiguió llegar hasta Herman. Aquella noche, en la cabaña, dieron gracias por estar juntos.

Lamentablemente, Lorita no tuvo la misma suerte. Navegó dos meses a bordo de la Kon-Tiki, hasta que una ola barrió la cubierta y se la llevó. Todos la echaron muchísimo de menos.

Capítulo VII
¡TIERRA A LA VISTA!

El 30 de julio de 1947 Herman Watzinger bajó del puesto de vigía al amanecer, entró corriendo en la cabaña y despertó a Thor Heyerdahl diciéndole:

—¡Ven y échale una mirada a tu isla!

Según los cálculos de Erik Hesselberg, era la isla de Puka Puka. Pero la Kon-Tiki no se dejó conducir hasta sus playas y pasaron de largo. ¿Hacia dónde? ¿Y si cruzaban el laberinto de islas sin poder atracar?

La visión de una porción de tierra les hizo sentir de repente el peso de todos los días pasados en el mar. La siguiente isla que avistaron fue Angatau, y parecía que iba a ser su isla hasta que comprobaron que estaba rodeada por un arrecife, que era como una muralla que los separaba de la playa. Las enormes olas que rompían contra la barrera amenazaban con lanzar a la Kon-Tiki contra el lecho de coral, lo que para sus tripulantes era como caer sobre cuchillos afilados. Algunos habitantes de Angatau remaron con sus canoas hasta la Kon-Tiki, dispuestos a ayudarlos. Pero fue imposible, la Kon-Tiki no quería dejar de navegar y los *vikingos* tuvieron que seguir adelante. La balsa puso proa hacia la isla de Raroia, aunque también estaba rodeada por un temible arrecife. Se prepararon para el naufragio: la consigna era aferrarse a los grandes troncos de balsa. Torstein Raaby mandó el último mensaje por radio: «OK, nos quedan 50 metros, allá vamos. Adiós.»

Por última vez, el océano Pacífico los tuvo a su merced y los despidió con enormes olas. La Kon-Tiki cruzó el arrecife y encalló convertida en un despojo cerca de la playa; los troncos de balsa y sus tripulantes resistieron hasta el final. Era el 7 de agosto. Habían navegado durante 101 días y al pisar tierra firme les temblaron las piernas.

Así describió Thor Heyerdahl el desembarco, después de tanto océano: «No olvidaré nunca este camino sobre el arrecife hasta la paradisíaca isla cubierta de palmeras, que iba agrandándose a medida que nos acercábamos. Cuando llegué a la soleada playa, me quité los zapatos y metí los desnudos pies en la arena tibia y seca. Gozaba con cada marca que dejaban mis pies descalzos.»

Los intrépidos *vikingos* demostraron que una balsa podía cruzar un océano, pero la teoría de que

La Kon-Tiki encallada a pocos metros de la playa de Raroia.

la Polinesia fue poblada por nativos de América del Sur no ha sido aceptada debido a las coincidencias entre polinesios y asiáticos comprobadas posteriormente.

Sin embargo, nadie pone en duda que la historia de la Kon-Tiki fue una gran aventura llevada a cabo por hombres valientes y soñadores.

Thor Heyerdahl escribió *La expedición de la Kon-Tiki,* que se convirtió en un *best seller* traducido a 66 idiomas. Además, con el material filmado obtuvo un Oscar de Hollywood al mejor documental en 1951.

Heyerdahl organizó nuevas expediciones en embarcaciones primitivas para probar algunas emigraciones humanas.

Herman Watzinger vivió durante un tiempo en Lima, en Perú, donde organizaba proyectos de pesca. En los años setenta fue director del Departamento de Pesca de la FAO.

Erik Hesselberg contó su experiencia en un extraordinario libro ilustrado: *Los compañeros de la Kon-Tiki*. Continuó con su carrera artística en Francia y fue amigo de Picasso.

Knut Haugland hizo carrera en el Ejército del Aire Noruego. También fue director del Museo de la Kon-Tiki en Noruega.

Torstein Raaby fue operador de radio en dos remotas islas noruegas, por encima del Círculo Polar Ártico. Murió de un ataque al corazón cuando participaba en una expedición para llegar al Polo Norte en esquís.

Bengt Danielsson se instaló con su mujer en Raroia, la isla a la que arribó la Kon-Tiki. Fue un gran investigador de la cultura polinesia y luchó contra las pruebas atómicas que Francia realizó en aquella zona.

«Un pequeño paso
para un hombre,
un gran salto
para la humanidad.»

«Un pequeño paso
para un hombre,
un gran salto
para la humanidad.»

«Un pequeño paso
para un hombre,
un gran salto
para la humanidad.»

ARMSTRONG
Y LA
CONQUISTA
DEL ESPACIO

**NEIL
ARMSTRONG
Y LA
CONQUISTA
DEL ESPACIO**

**NEIL
ARMSTRONG
Y LA
CONQUISTA
DEL ESPACIO**

Capítulo I
LA LUNA, NUESTRO SATÉLITE

Más allá de nuestro cielo azul, el espacio es inmenso y oscuro. La Tierra lo ocupa junto con infinitud de astros, uno de los cuales gira a su alrededor: la Luna.

La Luna es el único satélite de la Tierra. Es cuatro veces más pequeña que nuestro planeta, está a unos 384 000 kilómetros de distancia, su superficie es totalmente gris, no tiene atmósfera y su fuerza de gravedad es seis veces menor que la de la Tierra.

Hace más de 4 500 millones de años que la Luna nos envuelve en su órbita, mueve nuestros océanos, de vez en cuando eclipsa al Sol y, por encima de todo, enciende la noche.

La buscamos en el cielo esté como esté: menguante, nueva, creciente o llena. Quizás es porque a todos los terrícolas, de una forma u otra, nos asusta la oscuridad, pero lo cierto es que queremos a la Luna, nuestro satélite, y que, en algún momento de nuestra historia, empezamos a soñar con llegar hasta ella.

Capítulo II
LA CARRERA ESPACIAL

En 1945 acabó la Segunda Guerra Mundial, pero casi enseguida empezó otro conflicto: la Guerra Fría, un estado de alerta constante por el cual los «americanos» y los «rusos» acumularon un gran arsenal y se amenazaban constantemente con aniquilarse los unos a los otros.

El mundo se partió en dos mitades: a un lado, los Estados Unidos de América (EEUU) y el capitalismo; al otro lado, la Unión de Repúblicas Socialistas Soviéticas (URSS) y el comunismo.

La Unión de Repúblicas Socialistas Soviéticas aglutinaba quince países del este de Europa y Asia. Encabezados por Rusia, la capital de la Unión estaba en Moscú. La URSS existió entre los años 1922 y 1991. Cuando se disolvió, las repúblicas integrantes se convirtieron en estados independientes.

Los Estados Unidos y la Unión Soviética constituían dos países que lideraron dos maneras distintas de gobernar y de vivir, y el resto del mundo tuvo que apuntarse a uno u otro bando: a favor de los estadounidenses o de los soviéticos.

Estas dos grandes potencias nunca se enfrentaron directamente, pero se estuvieron intimidando y espiando la una a la otra durante cincuenta años. Querían ser las primeras en todo y se enzarzaron en absurdas carreras: la principal fue la carrera armamentística. Y para conseguir armas más potentes y mortíferas perfeccionaron los cohetes, lo cual abrió el camino de la carrera espacial.

La URSS y los EEUU ni siquiera coincidieron en cómo debían llamarse los tripulantes de los cohetes, los hombres que viajarían al espacio exterior. Los soviéticos los llamaron *cosmonautas* y los estadounidenses *astronautas*.

Por supuesto, durante la carrera espacial ambos participantes sufrieron fracasos e incluso tragedias, pero nadie contempló la posibilidad de colaborar, ni mucho menos la de rendirse. Había que seguir y ganar.

Con este objetivo, en 1958 los Estados Unidos crearon la NASA (*National Aeronautics and Space Administration*, es decir, la Administración Nacional de Aeronáutica y del Espacio) y ubicaron sus principales instalaciones en Houston (Texas) y en Cabo Cañaveral (Florida).

Pero los astronautas parecían condenados a ir unos pasos por detrás de los cosmonautas. Al inicio de la carrera, los soviéticos se pusieron a la cabeza y consiguieron los logros más significativos:

4 de octubre de 1957. La URSS lanza con éxito el Sputnik 1, el primer satélite artificial que llegó al espacio exterior y orbitó alrededor de la Tierra.

3 de noviembre de 1957. La URSS lanza el Sputnik 2, la primera nave que llegó al espacio con un ser vivo a bordo: una perra llamada Laika. El animal sobrevivió entre cinco y siete horas en el espacio. Fue la primera cosmonauta.

En 1960 la URSS construyó la Ciudad de las Estrellas al noreste de Moscú, donde vivían y se entrenaban sus cosmonautas. También construyó varios cosmódromos, o lugares de lanzamiento; el más famoso es el de Baikonur, situado en Kazajistán.

19 de agosto de 1960. La URSS lanza el Sputnik 5. A bordo viajan las perras Belka y Strelka, que llegan al espacio exterior y regresan sanas y salvas.

12 de abril de 1961. La URSS lleva al primer hombre al espacio. Yuri Gagarin fue el cosmonauta que protagonizó la hazaña en un vuelo que duró casi dos horas. «Pobladores del mundo, salvaguardemos esta belleza, no la destruyamos», fueron sus palabras al divisar la Tierra desde su nave, la Vostok 1.

9 de agosto de 1961. El cosmonauta Gherman Titov es el primer ser humano que pasa un día entero en el espacio, orbitando alrededor de la Tierra a bordo de la Vostok 2.

16 de junio de 1963. La cosmonauta Valentina Teresh-kova, a bordo de la Vostok 6, se convierte en la prime-ra mujer que viaja al espacio.

18 de marzo de 1965. El cosmonauta Alexei Leonov llevó a cabo el primer paseo espacial al pasar doce mi-nutos en el exterior de su nave, la Vosdoj 2.

Capítulo III
LA MISIÓN APOLO 11

El 23 de mayo de 1961, un mes después del magnífico vuelo al espacio de Yuri Gagarin, el presidente de los Estados Unidos John Fitzgerald Kennedy declaró en el Congreso: «Creo que este país debería comprometerse a alcanzar el objetivo, antes del final de esta década, de poner un hombre sobre la superficie de la Luna y hacerlo regresar a la Tierra sano y salvo.»

Así fue como el presidente Kennedy lanzó al país un gran reto que unió los esfuerzos de todos los estadounidenses en un objetivo común. Y puso un plazo: tenían que conseguirlo antes del 31 de diciembre de 1969, el último día de la década de los sesenta.

El presidente John F. Kennedy fue uno de los grandes impulsores del objetivo lunar, pero no pudo verlo convertido en realidad. Fue asesinado el 22 de noviembre de 1963, un hecho que conmocionó a todo el mundo.

La nación entera, capitaneada por la NASA, aceptó el reto y se puso a trabajar. Los programas espaciales se sucedieron: el Mercury, el Gemini y finalmente el Apolo. Cumplir el sueño de JFK de llegar a la Luna era, para los estadounidenses, una manera de recordarlo. Pero antes de conseguirlo tuvieron que enfrentarse a otra tragedia. El 27 de enero de 1967, Virgil Grissom, Edward White y Roger Chafee, los astronautas del Apolo 3, murieron durante unas pruebas. En su honor, su truncada misión fue rebautizada como Apolo 1. Todos coincidieron en que el mejor homenaje era seguir adelante, perseverar para triunfar.

JFK fue sucedido en la presidencia de los Estados Unidos por Lyndon B. Johnson (1963-1969) y después por Richard Nixon (1969-1974), el presidente que vio llegar al hombre a la Luna.

Según la mitología griega, Apolo es el dios del Sol y Selene la diosa de la Luna. En el verano de 1969 Apolo visitó a Selene, concretamente el Apolo 11. A bordo iban los astronautas Neil Armstrong, Buzz Aldrin y Michael Collins. El comandante Neil Armstrong se convirtió en el primer hombre que pisó la Luna el 20 de julio de 1969. Los estadounidenses ganaron una carrera y toda la humanidad cumplió un sueño.

Los tres astronautas del Apolo 11 compartían

muchas cosas: nacidos en 1930, ingenieros aeronáuticos, pilotos de combate y de pruebas antes de ingresar en la NASA y con experiencia espacial en misiones del programa Gemini.

El Apolo 11 estaba compuesto por diversos módulos: la torre de salvamento, donde debían refugiarse los astronautas en caso de detectar problemas durante el despegue. Se desprendería del módulo de mando una vez superada la salida satisfactoriamente. El Columbia, el módulo de mando, donde viajarían los tres astronautas durante el vuelo de ida y vuelta: de la Tierra a la órbita lunar y viceversa. El Columbia debía orbitar alrededor de la Luna, pilotado por Michael Collins, mientras el Eagle iba hasta la superficie de la Luna y regresaba. Era la única parte del Apolo 11 que regresaría a la Tierra. El Eagle, el módulo lunar, era la nave destinada a posarse en la superficie de la Luna con Armstrong y Aldrin a bordo, para volver después a unirse al Columbia. Y finalmente el Saturno V, el cohete propiamente dicho, el aparato que debía dar el impulso necesario en cada momento del vuelo. Formado por tres fases: una para despegar, otra para situarse en la órbita terrestre y una tercera para impulsarse hacia la Luna. Cada fase se desprendería del conjunto una vez realizada su tarea.

Capítulo IV

OBJETIVO: LA LUNA

El 16 de julio de 1969 a las 9.32 h, el Apolo 11 despegó de las instalaciones de la NASA en Cabo Cañaveral (Florida). Neil Armstrong, Buzz Aldrin y Michael Collins viajaban en el módulo de mando, casi en la punta de la nave.

Faltaban solo cinco meses para el final de la década y el final del plazo que el presidente Kennedy había dado. Los astronautas habían acariciado su objetivo cuando el Apolo 8 orbitó tres veces alrededor de la Luna, y cuando dos de los astronautas del Apolo 10 descendieron hasta pocos kilómetros de la superficie del satélite. Por eso aquella mañana todo el mundo estaba pendiente del Apolo 11: había llegado el momento de dar un paseo por la Luna.

El centro de control de la misión estaba situado en Houston (Texas). Desde allí, miles de personas seguían el vuelo segundo a segundo, siempre en contacto con los astronautas, dispuestos a ayudarles en todo. Se habían preparado bien, pero sabían que todo era posible: el éxito, el fracaso e incluso la tragedia.

Pero no solo en Houston miraban al cielo: todo el mundo estaba pendiente de la suerte del Apolo 11. En todos los países, en todos los idiomas y en todas las franjas horarias, las televisiones y emisoras de radio emitieron información constantemente, y todos los periódicos le dedicaron las primeras páginas a la expedición. Durante muchos años fue común preguntar... «Y tú, ¿dónde estabas cuando el hombre llegó a la Luna?»

El Saturno V funcionó espléndidamente: doce minutos después del despegue, el Apolo 11 estaba ya en el espacio exterior orbitando alrededor de la Tierra y las dos primeras fases del cohete ya se habían desprendido. Como si de una despedida se tratase, el Apolo 11 dio una vuelta y media a nuestro planeta antes de que la tercera fase del Saturno V iniciara la inyección translunar, es decir, los impulsara hacia la Luna.

Igual que las dos anteriores, la última fase del Saturno tenía que desprenderse del Apolo una vez agotado el combustible. Pero antes, los astronautas debían realizar una complicada maniobra: sacar el módulo lunar Eagle de su interior y colocarlo delante del módulo de mando. Una vez realizada la maniobra con éxito, el último fragmento del Saturno se desprendió.

Después de tres días de navegación el Apolo 11, ya solo formado por el Columbia y el Eagle, llegó a la órbita lunar. Después de dar trece vueltas al satélite, los tres tripulantes se separaron: Armstrong y Aldrin entraron en el Eagle y Collins se quedó en el Columbia. Cuando todo estuvo a punto, Collins liberó al Eagle para que empezara el descenso hacia la superficie lunar.

Michael Collins se quedó completamente solo en el espacio, orbitando alrededor de la Luna y aguardando el regreso de sus compañeros. No pudo divisarlos en la superficie, y dependía del contacto con Houston para saber qué ocurría ahí abajo.

Mientras lo veía alejarse lentamente desde el Columbia, Michael Collins pensó que el Eagle era el «cacharro más raro que jamás había visto en el cielo».

Fueron los propios astronautas los que pusieron nombre a los dos módulos. Ambos hacen referencia a símbolos estadounidenses: el águila (en inglés *eagle*) forma parte del escudo de los EEUU; Columbia es la personificación femenina de América, creada por los poetas a partir del nombre de Colón (en inglés, Columbus).

Capítulo V
UN ALUNIZAJE DIFÍCIL

Cuando estaban a pocos kilómetros de la superficie lunar, el ordenador de a bordo empezó a emitir una señal de alarma. El Eagle iba a demasiada velocidad y pasaría de largo del lugar previsto para el alunizaje. El comandante Armstrong desconectó el programa de aterrizaje automático que les estaba conduciendo hacia un enorme cráter lleno de rocas y tomó los mandos de la nave. Con los datos que Aldrin le iba proporcionando, condujeron el Eagle hacia una superficie que les pareció más practicable.

En Houston, el centro de control tenía el corazón en un puño, hasta que oyeron las siguientes palabras de Armstrong:

–Houston, aquí Base Tranquilidad..., el Eagle ha alunizado.

En Houston eran las cuatro y cuarto de la tarde del 20 de julio de 1969. Tardaron unos segundos en reaccionar:

–Tranquilidad: Teníais a la gente medio ahogada. Ahora ya podemos volver a respirar, muchísimas gracias.

Seis horas y media después de haber alunizado, Neil Armstrong, desde el último escalón de la escalerilla del Eagle, dijo la que se convertiría en una de las frases más famosas del siglo xx. Después puso el pie en la Luna y empezó a andar; estas fueron sus impresiones:

«Este es un pequeño paso para un hombre, pero un gran salto para la humanidad... Y la superficie es como polvo fino. Puedo levantarlo sin esfuerzo con la punta de la bota. Se adhiere en finas capas a la suela y los costados de mis botas como si fuera carbonilla. Apenas la he pisado un centímetro, pero puedo ver las huellas de mis botas y las pisadas en las finas partículas como de arena... No parece haber ninguna dificultad en moverse por aquí...»

Poco después bajó Buzz Aldrin, y este fue el primer diálogo entre seres humanos sobre la Luna:

Buzz: ¡Qué hermoso panorama!

Neil: ¿No te parece increíble? ¡Magnífica vista!

Buzz: ¡Magnífica desolación!

Esta definición de Buzz Aldrin del paisaje lunar sigue siendo inmejorable.

Buzz Aldrin bajando del Eagle. Por supuesto, la foto de Armstrong descendiendo por primera vez del módulo lunar no existe... ¡porque no había nadie para hacerla!

Como en la Luna no hay ni viento ni lluvia, las huellas de Neil y Buzz quedarán en el Mar de la Tranquilidad durante siglos.

Inmediatamente, Neil Armstrong y Buzz Aldrin empezaron a trabajar. Instalaron varios instrumentos científicos: un sismógrafo, una pantalla para recoger partículas de viento solar y un reflector de rayos láser para medir la distancia exacta entre la Tierra y la Luna. También filmaron, hicieron muchas fotografías y recogieron varios kilos de rocas. Pero, sobre todo, disfrutaron de la emoción de ser ellos mismos un experimento y averiguar qué siente un ser humano, física y emocionalmente, al andar por otro cuerpo celeste.

En la Tierra, todos los que tenían acceso a un televisor pudieron ver los primeros pasos de los astronautas en la Luna, pero solo un hombre pudo llamarlos por teléfono: el entonces presidente de los Estados Unidos Richard Nixon los llamó desde el Despacho Oval de la Casa Blanca.

Además de explorar, experimentar y recoger muestras, Armstrong y Aldrin dejaron en la Luna varios objetos conmemorativos: varias medallas e insignias en recuerdo y homenaje a los astronautas estadounidenses y soviéticos que habían perdido la vida durante la carrera espacial; un disco con saludos y mensajes de buena voluntad de todas las naciones; y una placa que fijaron en una pata del módulo lunar, ilustrada con los dos hemisferios terrestres y con la siguiente inscripción: «Aquí, unos hombres procedentes de la Tierra, pisaron la Luna por primera vez el mes de julio del año 1969 dC. Vinimos en son de paz, en nombre de toda la humanidad», y con la firma de los tres astronautas y la del presidente Nixon.

También plantaron una bandera de los EEUU.

En la Luna no hay atmósfera, es decir, no hay aire ni viento. La bandera de los Estados Unidos no ondea, sino que cuelga de un segundo mástil horizontal que la mantiene desplegada.

Capítulo VI
REGRESAR A LA TIERRA

El módulo de mando Columbia, y solo la mitad que alojaba a los astronautas, fue la única porción del enorme Apolo 11 que realizó el viaje de ida y vuelta completo. El resto quedó flotando en el espacio o, en el caso de las patas del módulo lunar Eagle, sobre la superficie de la Luna.

El Eagle estuvo sobre la superficie lunar 21 horas y media. Cuando llegó la hora de partir solo despegó el módulo propiamente dicho, las patas quedaron en la Luna. Armstrong y Aldrin debían recuperar la órbita lunar para reencontrarse con el Columbia. Collins sería el encargado de realizar la maniobra de ensamblaje de los dos módulos.

Juntos de nuevo, los tres astronautas pasaron al Columbia las muestras lunares que habían recogido y soltaron definitivamente al Eagle en el espacio. Después, los motores del Columbia los empujaron hacia la Tierra: había llegado la hora de volver a casa. Cuando la fuerza de gravedad de la Tierra empezó a atraer la nave irreversiblemente, dejaron atrás los motores. Solo volvería a casa el cono en el que se alojaban, dotado de un escudo térmico para soportar las altísimas temperaturas que provocaría su choque con la atmósfera.

El Columbia impactó en el océano Pacífico el 24 de julio. Un portaaviones de la marina estadounidense recogió a los tres hombres que volvían de vivir un gran sueño.

Tras el aterrizaje, Neil Armstrong, Michael Collins y Buzz Aldrin tuvieron que permanecer veintiún días aislados en una zona de cuarentena. Debían asegurarse de que no habían contraído ninguna enfermedad desconocida.

Después de este periodo, Armstrong, Aldrin y Collins fueron recibidos como héroes, se organizaron desfiles, actos oficiales en su honor, una gira mundial de 49 días... Para los tres astronautas fue difícil pasar de la soledad del espacio a recibir tanta atención pública.

En todas partes fueron tratados como héroes. Al fin y al cabo, durante unos días de agosto del sesenta y nueve, aquellos tres astronautas representaron a toda la humanidad: desde el hombre primitivo que salía de su cueva a observar la luna, hasta el niño que abrió los ojos con estupor al verlos por televisión.

Armstrong, Collins y Aldrin durante el desfile en la ciudad de Nueva York para celebrar su llegada.

Después del Apolo 11, hubo otros seis Apolo que llegaron a la Luna. El último fue el Apolo 17, en 1972. Desde entonces ningún ser humano ha vuelto a caminar por el satélite. En total han sido doce los astronautas que han tenido el privilegio de explorar la Luna.

En 1975, la última nave Apolo se unió en el espacio con la nave rusa Soyuz. Astronautas y cosmonautas se encontraron por fin. La Guerra Fría fue debilitándose y concluyó con la desaparición de la URSS en 1991.

Después de la carrera del espacio, las agencias espaciales de varios países (EEUU, Rusia, Japón, Canadá, Europa, Brasil...), empezaron a trabajar conjuntamente. Concentraron sus esfuerzos en construir un centro de investigación en el espacio; el resultado es la Estación Espacial Internacional, una base estable que orbita permanentemente alrededor de la Tierra.

La conquista de la Luna fue un hecho tan extraordinario que aún hoy hay personas que no creen que el Apolo 11 llegara a posarse sobre la superficie del satélite, y defienden con firmeza que todo fue un montaje.

Por otro lado, los homenajes son constantes. Afortunadamente los tres astronautas pudieron participar en las celebraciones del 40º aniversario de la hazaña, donde recibieron la admiración de casi todos. Neil Armstrong, el primer hombre que pisó la Luna, murió pocos años después, el 25 de agosto de 2012.

Uno de los homenajes más originales lo recibió Buzz Aldrin: el conquistador del espacio de las películas *Toy Story*, Buzz Lightyear, lleva su nombre.

MARCO POLO Y LAS TIERRAS DESCONOCIDAS